比較文化研究ブックレット No.12

PISAの「読解力」調査と全国学力・学習状況調査

－中学校の国語科の言語能力の育成を中心に－

岩間　正則　著

はじめに

二〇一三年（平成二十五年）の十二月に、二〇一二年の六・七月に行われたＰＩＳＡ調査（ＯＥＣＤ生徒の学習到達度調査）の結果が発表された。日本はＰＩＳＡ調査に参加した六十五の国と地域の中で、「数学的リテラシー」が七位、「科学的リテラシー」が四位、そして「読解力」が四位と、全てにわたって二〇〇九年よりも順位が向上した。これを国だけでみるならば、三十四か国中、「数学的リテラシー」が二位、「科学的リテラシー」が一位、そして「読解力」が一位とこれまでの中で最も高くなった。

こうしたＰＩＳＡ調査の結果だけを取り上げて、単純に日本の子どもたちの学力がここ数年で伸びたとは言うことはできない。しかし、ＰＩＳＡ調査が始まって今回のもので第五回目になるが、第二回の二〇〇三年の結果が発表された二〇〇四年のいわゆる「ＰＩＳＡショック」を思うと、その後の十年ほどの間に教育に関する様々な取り組みがなされてきたことや、学力に関する考え方についても転換があったこともあり、ＰＩＳＡ調査の結果に少しは反映したのではないかと考えられる。筆者をはじめとして、小学校・中学校の現場で教育に携わっている者の中には、そうした感想を持つ者もいるのではないだろうか。

また、国内では全国学力・学習状況調査が二〇〇七年（平成十九年）度から始まり、二〇一三年度には、第六回（二〇一一年は東日本大震災の影響で行われなかった）の調査が行われた。この全国学力・学習状況調査については、自民党政権時に始められたが、政権担当の政党が変わり予算等の関係から悉皆調査が抽出調査になって、また自民党の政権復帰により悉皆調査に戻されたこと、大阪府や静岡県での結果の取り扱いが話題になったこともあり、教育問題ではあるが社会的な関心をひきつけている。

全国学力・学習状況調査が教育の世界で市民権を得るようになるにつれて、これまでの知識・理解を問うことが中心となっていた高等学校の入学試験にも、「活用」についての力を評価するための問題も作成されるようになった。それを受けて、特に中学校の教育現場では、思考力・判断力・表現力等の育成を図ることを目的とした言語活動の充実を意識した授業が、多くの教室で行われるようになってきている。

このように国際的な学力調査であるＰＩＳＡの「読解力」調査と、日本の中学校の国語科の全国学力・学習状況調査とを比較していくことで、それぞれの調査問題では何が求められており、それが日本の教育にどのような影響を与えているのかということについて、この冊子では中心にみていくことにする。そして、ますます加速するグローバル化の中において、今後の日本の生徒たちに、どのような教育が必要となるのかについても考えていきたい。

なお、本冊子の構成としては、次のようになっている。

Ⅰ　ＰＩＳＡ調査の「読解力」とは

ＰＩＳＡ調査の「読解力」とは何であるのかということについて整理する中で、日本の国語科の中で培われてきた読解力との違いについて理解する。

Ⅱ　ＰＩＳＡ調査の「読解力」が日本の教育に与えた影響について

二〇〇四年十二月に前年度行われた調査結果が発表され、ＰＩＳＡ調査の「読解力」への関心が高まった。ＰＩＳＡ調査の「読解力」が日本の教育に与えた影響についてみていく。

Ⅲ　全国学力・学習状況調査とは

ＰＩＳＡ調査の「読解力」と関連深い、全国学力・学習状況調査の意味や、育成すべき学力について、中学校の国語の問題を取り上げながら考える。

Ⅳ　全国学力・学習状況調査をめぐる問題について

全国学力・学習状況調査の調査結果に関する問題や、それをもとにした授業改善の実態など、この調査が教育現場にもたらしたものについてみていく。

Ⅴ　今後の日本の教育について考える

ＰＩＳＡの「読解力」調査や全国学力・学習状況調査を踏まえて、中学校の国語科として身に付けたい言語能力や、次の学習指導要領の改訂に向けての動きについて考える。

ＰＩＳＡ調査と全国学力・学習状況調査について理解していくことは、知識基盤社会の中でどのような学力を生徒に身に付けていくかを考えていくことでもある。そして、次の新しい学習指導要領の改訂がどのような形で行われていくかを、二つの調査問題をもとにしながら考えていきたい。

二〇一四年三月

岩間正則

目　次

Ｉ　ＰＩＳＡ調査の「読解力」とは

二〇一二年（平成二十四年）に行われた第五回目のＰＩＳＡ調査の結果が、二〇一三年の十二月に発表された。ＰＩＳＡ調査の「読解力」については、前回の八位から四位と順位も高くなり、ここ十年ほどの日本の教育の取り組みの効果も少しあがってきたとも言われるようになった。そしてＰＩＳＡ調査の「読解力」という言葉も、小学校や中学校ならびに高等学校の教育現場でもかなり一般的になってはきた。しかし、二〇〇八年（平成二十年）になり小学校と中学校の新しい学習指導要領が出されてから、ＰＩＳＡ調査の「読解力」についての関心が薄れてきている感じもある。そこで、ＰＩＳＡ調査の「読解力」という現象について考えていくにあたり、まずＰＩＳＡ調査の「読解力」とは何かということについて押さえておきたい。

１　ＰＩＳＡ調査の「読解力」の概要

ＰＩＳＡ調査は二〇〇〇年（平成十二年）に第一回調査が行われた。これはＯＥＣＤ（経済協力開発機構）によって実施された「生徒の学習到達度調査」（Programme for International Student Assessment）の英語の単語の頭の文字をとって名付けられている。

ＰＩＳＡ調査では、義務教育修了段階の十五歳児の生徒が持っている知識や技能を、実生活の様々な場面で直面する課題にどの程度活用できるかどうかを評価するもので、特定の学校カリキュラムがどれだけ習得されているかをみるものではない。この調査では、思考プロセスの習得、概念の理解、及び様々な状況でそれらを生かす力を重視しており、読解リテラシー（読解力）、数学的リテラシー、科学的リテラシーの3分野を調査するものとなっている。

二〇〇〇年調査には三二か国（ＯＥＣＤ加盟国二八か国、非加盟国四か国）で約二六万五〇〇〇人の十五歳児が調査に参加した。日本では全国の一三五学科（一三三校）、約五三〇〇人の高校生が調査に参加した。

ＰＩＳＡ調査の背景として、経済のグローバル化等の進展による社会の急激な変化らに対応できる人材育成のための教育の重要性が増してきたこと、実社会や実生活に生かせる学力が身についていること、そして身に付けた学力が国際的な水準に見合うものになっているかということを評価することがあげられている。（注1）

「調査の内容」「調査対象」「調査方法」については、ＰＩＳＡの「読解力」の定義が変更したり、デジタル調査が行われるなど、少しずつ変化してはいるものの第五回目の二〇一二年ＰＩＳＡ調査でも基本的には同じである。

それでは、ＰＩＳＡ調査の中の「読解力」調査についてみていくことにする。

「読解力」というのは、英語では「Reading Literacy」と表記されている。そして次のように定義されていた。

> 自らの目標を達成し、自らの知識と可能性を発達させ、効果的に社会に参加するために、書かれたテキストを理解し、利用し、熟考する能力。

この定義を見たとき、筆者もそうであったが、PISA調査の「読解力」を理解するにあたり、日本の多くの教育現場では、「理解し、利用し、熟考する能力」という部分に最初は着目した。この部分からPISA調査の「読解力」とは、どのような力なのかを理解しようとしたのである。単にテキストを「理解」するだけではないということがわかったが、「利用し、熟考する」ということについては、定義だけでは問題をイメージすることができなかった。実際の問題を見たり、研修を受けたりすることを通してようやく理解することができるようになってきた。「利用し、熟考する」というのは、テキストの内部だけでなく、テキストを介在として自分の考えや経験とを関連づけるということが求められているということだったのである。国語の授業で身に付けようとしている読解力との違いが、なかなかイメージができなかった。

また、この定義では「効果的に社会に参加する」とあるように、社会において必要とされる能力について想定されている。教育というものは学校を出たときにいかに役立つ能力を身に付けるかということは、これまでも問われていたが、学校という枠を越えた実社会での具体的な課題解決の場面を想定して必要な能力を問おうとしているところに、ＰＩＳＡ調査の特徴があり、ここでも問題作成の考え方に日本との違いが示されている。さらに、「参加する」というところに、今後の社会において個人がどれだけ社会貢献していけるのかという視点が盛り込まれており、今後一層グローバル化が進む中での個人の在り方が問われていることがわかる。

ところで、この定義は、二〇〇九年の調査から次のように変更された。

> 自らの目標を達成し、自らの知識と可能性を発達させ、効果的に社会に参加するために、書かれたテキストを理解し、利用し、熟考し、これに取り組む能力。（傍線筆者）

この変更は「読みへの取り組み（engaging with written texts）」を重視しているためであり、ＰＩＳＡ調査の「読解力」が単なる読む知識や能力だけでなく、様々な目的を意識して、読むという行為がより積極的に活用されていくことが求められていることが理由である。

それでは、定義をもとに、ＰＩＳＡ調査の「読解力」の問題についてみていくことにする。

「読解力」の調査問題は3つの側面から構成されている。一つめは「テキストの形式」である。定義にもあるように「書かれたテキスト」を対象としており、物語、解説、記述、議論、説得、指示、文章、記録などのいわゆる文章に相当する「連続型テキスト」と、図、グラフ、表、マトリックス、図、地図、書式などデータを視覚的に表現した「非連続型テキスト」である。

公開された問題の中でも「チャド湖」の問題は、サハラ砂漠にあるチャド湖の水位の変化に関するグラフを示している図1と、サハラ砂漠にある洞窟に描かれた動物とその時代に関するグラフを示した図2とを組み合わせた非連続型テキストの典型的なものになっている。この問題を見たとき、PISA調査の「読解力」の理解が進んでいないときは、これは社会科の問題であり、どうして国語科の読解力を問うものになるのかという驚きを感じた教育関係者は多かった。しかし今では、国語科の問題の中にも、図やグラフを使用したものが当然のように入るようになった。図表を取り入れた問題をみると、PISA調査の「読解力」を踏まえたものであるということがすぐに理解できるようになってきている。

しかし、PISA調査の「読解力」というものは、図やグラフを使ったものという狭い理解に閉じてしまっていたり、非連続型テキストは、文章以外のテキストであるならば、写真や映像やアニメなどもそうだと勘違いをする教師もいるという現状もある。また、非連続型テキストとして、保証書などの証明書、カタログなどの情報シートなど、日常生活の中にある様々なテキストもPISA調査では使用されており、そうした問題が日本の教育現場でほとんど作成されることが少ないことはとても残念である。

二つめは、「読む行為のプロセス」である。PISA調査の「読解力」では、テキストの中の情報を取り出したり、テキストに書かれていることの理解をするといった「情報の取り出し」、書かれた情報から論してテキストの意味を理解する「テキストの解釈」、書かれた情報を自らの知識や経験に関連づける「熟考・評価」といったプロセスが設定されている。この中で、日本の生徒たちが得意としているのが「情報の取り出し」であり、「熟考・評価」に課題がある。

ところで、ＰＩＳＡ調査の「読解力」の読む行為のプロセスを三段階でとらえているが、実は「情報の取り出し」「幅広い一般的な理解の形成」「解釈の展開」「テキストの文脈の熟考・評価」「テキストの形式の熟考・評価」という五つのプロセスで構成されている。（注２）このプロセスの特徴を整理すると、資料のようになる。

資料

- ○基本的にテキスト内部の情報を利用する
  - テキストの独立した部分に焦点を当てる ―― 情報の取り出し
  - テキスト内の関係に焦点を当てる
    - テキスト全体 ―― 幅広い一般的な理解の形成
    - テキストの部分間の関係 ―― 解釈の展開
- ○外部の知識を引き出す
  - 文脈に焦点を当てる ―― テキストの文脈の熟考・評価
  - 構造に焦点を当てる ―― テキストの形式の熟考・評価

まずは、テキストの内部の情報を利用するのか、外部の知識を引き出すのかで区別される。そして、テキストの内部の情報の利用については、独立した部分に焦点を当てるのか、内部の関係に焦点を当てるのかで分かれる。さらにテキスト全体か、テキストの部分間の関係かで分けられる。外部の知識を引き出すということについては、テキストの文脈か構造かで区別される。このようにテキストとの関係で「読解力」を分類して考えていくと、一般的に示されている三つの読む行為のプロセスがどんなものであるのかが理解しやすいのだが、問題の分類に際しては、三つのプロセスで示されている。そのため五つのプロセスについての理解が一般的なものになっていない。なお、この五つのプロセスのうち「幅広い一般的な理解の形成」「解釈の展開」が「テキストの解釈」に、「テキストの文脈の熟考・評価」「テキストの形式の熟考・評価」が「熟考・評価」に統合されている。

ところで、このプロセスは、二〇〇九年から始まった「デジタル読解力」調査では、次のようなプロセスとしてとらえられるようになった。（注3）

- 「情報へのアクセス・取り出し」……複数のナビゲーション・ツールを利用し、多くのページを横断しながら、特定のウェブページにたどり着き、特定の情報を見つけ出す技能が求められる。
- 「統合・解釈」……リンクを選択し、テキストを収集、理解するプロセスで、重要な側面を読み手自身が構築していく。
- 「熟考・評価」……情報の出所や信頼性、正確さを吟味、判断する。

これを受けて、二〇一二年のＰＩＳＡ調査では、「読む行為のプロセス」を、この形で示すようになっている。

三つめは「テキストが使用される用途、状況」である。「私的な用途」は、私的な手紙や小説や伝記など、「公的な用途」は公式の文章など、「職業的な用途」はマニュアルや報告書など、「教育的な用途」は教科書やワークシートなどである。

これらの用途別のテキストからも、日本の国語科の教科書に載っているものと違って、ここでも実社会における状況に対応した能力をみるためのものになっていることが明確になっている。

これらの三つの側面から、ＰＩＳＡ調査の「読解力」が国語科で育成してきた読解力と大きく異なっていることがわかる。こうした違いを明確にするために、ＰＩＳＡ調査の「読解力」について、カギ括弧付きの「読解力」という言葉を使い、従来の国語科や英語科で使ってきた読解力と区別する形をとるものも多い。現在では「読解力」とカギ括弧を付けたときは、ＰＩＳＡという言葉をつけなくても、ＰＩＳＡ調査の「読解力」を示すことも一般的になってきている。

2　キー・コンピテンシーと「生きる力」

ＰＩＳＡ調査についての関心は、その結果や問題について着目されたが、この調査の概念の枠組みとなっているのが、ＯＥＣＤが定義したキー・コンピテンシー（主要能力）である。これはＯＥＣＤが一九九七年に着手したプログラム「コンピテンシーの定義と選択（Definition and Selection of Competencies）」（DeSeCo）によるものである。

このプログラムの中で、コンピテンシー（能力）の概念として「単なる知識や技能だけではなく、技能や態度を含む様々な心理的・社会的なリソースを活用して、特定の文脈の中で複雑な要求（課題）に対応することができる力」としている。そしてキー・コンピテンシーを「日常生活のあらゆる場面で必要なコンピテンシーをすべて列挙するのではなく、コンピテンシーの中で、特に、①人生の成功や社会の発展にとって有益、②さまざまな文脈の中でも重要な要求（課題）に対応するために必要、③特定の専門家ではなくすべての個人にとって重要、といった性質を持つとして選択されたもの」と定義している。

このキー・コンピテンシーについて、特に押さえておきたいのは、次の三つのカテゴリーで構成されているところである。

1　相互作用的に道具を用いる

A　言語、シンボル、テキストを相互作用的に用いる

B　知識や情報を相互作用的に用いる

C　技術を相互作用的に用いる

2　異質な集団で交流する

A　他人といい関係を作る

B　協力する。チームで働く

C　争いを処理し、解決する

3　自律的に活動する

A　大きな展望の中で活動する

B　人生設計や個人的プロジェクトを設計し実行する

C　自らの権利、利害、限界やニーズを表明する

この中の1A「言語、シンボル、テキストを相互作用的に用いる」力は言語的なスキルや数学的なスキルを効果的に活用するものであり、これを具体化したのがPISA調査の「読解力」と「数学的リテラシー」である。そして1B「知識や情報を相互作用的に用いる」力といった情報能力を具体化したものがPISA調査の「科学的リテラシー」となっている。

キー・コンピテンシーという言葉が特に日本の教育において着目されるようになったのは、二〇〇八年一月十七日に中央教育審議会から出された「幼稚園、小学校、中学校、高等学校及び特別支援学校の学習指導要領等の改善について（答申）」（注4）で次のように述べられていたからである。

○これまで述べてきたとおり、社会の構造的な変化の中で大人自身が変化に対応する能力を求められている。そのことを前提に、次代を担う子どもたちに必要な力を一言で示すとすれば、まさに平成八年（1996年）の中央教育審議会答申で提唱された「生きる力」に

ほかならない。

○このような認識は、国際的にも共有されている。経済協力開発機構（ＯＥＣＤ）は、一九九七年から二〇〇三年にかけて、多くの国々の認知科学や評価の専門家、教育関係者などの協力を得て、「知識基盤社会」の時代を担う子どもたちに必要な能力を、「主要能力（キーコンピテンシー）」（※２）として定義付け、国際的に比較する調査を開始している。このような動きを受け、各国においては、学校の教育課程の国際的な通用性がこれまで以上に強く意識されるようになっているが、「生きる力」は、その内容のみならず、社会において子どもたちに必要となる力をまず明確にし、そこから教育の在り方を改善するという考え方において、この主要能力（キーコンピテンシー）という考え方を先取りしていたと言ってもよい。

（傍線筆者）

知識基盤社会において子どもたちに必要な能力であるキー・コンピテンシーと、「生きる力」との関係が示されている。まず一つめの傍線部についてみてみると、「次代を担う子どもたちに必要な力」を「生きる力」と規定している。次の段落において、「『知識基盤社会』の時代を担う子どもたちに必要な能力を、『主要能力（キー・コンピテンシー）』として定義付け」とである。こうして「時代を担う子どもに必要な能力」ということで、キー・コンピテンシーと「生きる力」は結ばれるようになる。

では改めて「生きる力」についてみてみたい。（注5）

「生きる力」は、全人的な力であり、幅広く様々な観点から敷衍することができる。

まず、「生きる力」は、これからの変化の激しい社会において、いかなる場面でも他人と協調しつつ自律的に社会生活を送っていくために必要となる、人間としての実践的な力である。それは、紙の上だけの知識でなく、生きていくための「知恵」とも言うべきものであり、我々の文化や社会についての知識を基礎にしつつ、社会生活において実際に生かされるものでなければならない。

「生きる力」は、単に過去の知識を記憶しているということではなく、初めて遭遇するような場面でも、自分で課題を見つけ、自ら考え、自ら問題を解決していく資質や能力である。これからの情報化の進展に伴ってますます必要になる、あふれる情報の中から、自分に本当に必要な情報を選択し、主体的に自らの考えを築き上げていく力などは、この「生きる力」の重要な要素である。

また、「生きる力」は、理性的な判断力や合理的な精神だけでなく、美しいものや自然に感動する心といった柔らかな感性を含むものである。さらに、よい行いに感銘し、間違った行いを憎むといった正義感や公正さを重んじる心、生命を大切にし、人権を尊重する心などの基本的な倫理観や、他人を思いやる心や優しさ、相手の立場になって考えたり、共感することのできる温かい心、ボランティアなど社会貢献の精神も、「生きる力」を形作る大切な柱である。

そして、健康や体力は、こうした資質や能力などを支える基盤として不可欠である。

このような「生きる力」を育てていくことが、これからの教育の在り方の基本的な方向とならなければならない。「生きる力」をはぐくむということは、社会の変化に適切に対応することが求められるとともに、自己実現のための学習ニーズが増大していく、いわゆる生涯学習社会において、特に重要な課題であるということができよう。

キー・コンピテンシーと「生きる力」とを比較してみると、変化の激しい社会での自己の問題解決の能力という点について重なっているとみることができる。人間関係の構築については相手意識ということはあるが、他者という異質な集団での関係を築くというグローバルな視点は表には出てきていない。また、「生きる力」では、「確かな学力」「豊かな心」「健康や体力」ということれまでの伝統的な日本の教育の三本柱である知徳体を受けて三つの要素から構成されている。「生きる力」の知の側面である「確かな学力」とキー・コンピテンシーとは重なり合っているという点が認められるが、それぞれの基本的な概念が根本的に違うところがあるため、全くイコールというわけにはならないところがある。

三つめの傍線で述べていることは、今後子どもたちが必要とされる資質・能力をまず先に示して、次に具体的な教育の在り方を改善していこうとする考え方を先取りしていたという点である。この点については、基本理念としての資質・能力を固めてから、具体的な教育方針を定めていくということを強調していることからすると、国としてキー・コンピテンシーならびにPISA調査に対して、いかに意識しているかということが言えるだろう。

3 PISA調査の「読解力」とPISA型「読解力」

PISA調査の「読解力」が二〇〇四年に小中学校の教育現場に認知されたときから、「PISA型『読解力』」という名称が広まり、すぐにこれが一般的な教育用語として定着した。それは、このPISA調査の「読解力」という名称が、二〇〇五年（平成十七年）十二月に策定された「読解力向上プログラム」で、次のように使用されたことと関係がある。

PISA型「読解力」は、次のように定義されている。

> 自らの目標を達成し、自らの知識と可能性を発達させ、効果的に社会に参加するために、書かれたテキストを理解し、利用し、熟考する能力

なお、PISA調査の「読解力」とは、「Reading Literacy」の訳であるが、わが国の国

語教育等で従来用いられてきた「読解」ないしは「読解力」という語の意味するところとは大きく異なるので、本プログラムでは単に「読解力」とはせずに、あえてＰＩＳＡ型「読解力」と表記することとした。（傍線筆者）

ここで、「なお……」以下で、ＰＩＳＡ調査の「読解力」をＰＩＳＡ型「読解力」と表記することにしたということは理解できる。しかし、気になるのはＰＩＳＡ調査の「読解力」の定義イコールＰＩＳＡ型「読解力」の定義としているところである。ところが、その後すぐに作成された『読解力向上に関する指導資料〜ＰＩＳＡ調査（読解力）の結果分析と改善の方向』では、「ＰＩＳＡ調査における『読解力』は次のように定義されている」としている。これ以降、国としてはＰＩＳＡ調査の読解力、ＰＩＳＡ調査（読解力）と使ったりＰＩＳＡ調査に関する文脈の中では単に読解力と使用するなど、ＰＩＳＡ型「読解力」という用語が使われなくなっている。 では、ＰＩＳＡ型「読解力」という用語は、ＰＩＳＡ調査の「読解力」とイコールとして一般的には使用されているのだろうか。

ＰＩＳＡ型「読解力」の育成に関する様々なものを読む限りにおいては、小中高の教育現場の多くでは、その違いというものをあまり意識せずに使っているところがある。そして、ＰＩＳＡ型「読解力」といったときは、「読解力向上プログラム」の次の点を意識したものになっている。

「読解力」とは、文章や資料から「情報を取り出す」ことに加えて、「解釈」「熟考・評価」「論述」することを含むものであり、以下のような特徴を有していると言える。

（この部分の傍線は筆者だが、次の囲みの中の傍線は原文のまま）

①テキストに書かれた「情報の取り出し」だけはなく、「理解・評価」（解釈・熟考）も含んでいること。

②テキストを単に「読む」だけではなく、テキストを利用したり、テキストに基づいて自分の意見を論じたりするなどの「活用」も含んでいること。

③テキストの「内容」だけではなく、構造・形式や表現法も、評価すべき対象となること。

④テキストには、文学的文章や説明的文章などの「連続型テキスト」だけでなく、図、グラフ、表などの「非連続型テキスト」を含んでいること。

ここで着目したいことは、「『論述』することを含むものであり」という部分である。この時点で、国がＰＩＳＡ型「読解力」には「自由記述」の問題を踏まえて、記述する力というものを含んで考えていることがわかる。さらに囲みの部分は、従来の国語科で行われてきた読解との違いを述べており、傍線の部分がＰＩＳＡ型「読解力」の特徴を示していることがわかる。以上のような点を踏まえると、一般的にＰＩＳＡ型「読解力」というときは、次のような力を想定しているように思われる。

・情報を受信し、それをもとに思考・判断・創造したこと（思考力・判断力）を、自分の考えとして発信（表現力）していく力。
・非連続型テキスト（グラフや図表等）だけでなく様々なテキストを読み解く力。
・テキストを分析し、クリティカルに読む力。

なぜ日本では、PISA調査の「読解力」の定義が、そのままPISA型「読解力」とならなかったのか。その理由は、PISA調査の「読解力」の定義では、求められている「読解力」とは何かということが、日本の教育現場ではイメージできなかったからだと考えられる。そのため、PISA型と「型」をつけることで、PISAの問題を踏まえてそれを解くための能力として示そうとしたのではないだろうか。この「型」でとらえることについての危険性は指摘（注6）されているが、何より「型」ということを使うことでPISA調査の「読解力」の本質的な部分が見えなくなってしまっているところに問題があるのではないだろうか。しかし、別の見方をするならば、これまで日本で培ってこなかった能力についての理解を推進していくためには効果的であったとも考えられる。ただし、先に整理したものは、一般的に共通理解されているものと筆者は考えているが、PISA型というところについての理解には様々なものがある。

（注1）国立教育政策研究所編『生きるための知識と技能　OECD生徒の学習到達度調査（PISA）2000年調査国際結果報告書』、『生きるための知識と技能　OECD生徒の学習到達度調査（PISA）2003年調査国際結果報告書』（ぎょうせい）

（注2）国立教育政策研究所（監訳）『PISA 2003年調査　評価の枠組み』（二〇〇四年五月ぎょうせい）103頁

（注3）国立教育政策研究所編『生きるための知識と技能　OECD生徒の学習到達度調査（PISA）二〇〇九年調査国際結果報告書』（二〇一〇年明石書店）

（注4）中央教育審議会「幼稚園、小学校、中学校、高等学校及び特別支援学校の学習指導要領等の改善について（答申）」平成二十年一月　9頁

（注5）中央教育審議会「21世紀を展望した我が国の教育の在り方について（第一次答申）」平成八年七月十九日

（注6）秋田喜代美氏は、二〇〇六年の教育方法学会シンポジウムで。PISA型という「型」を流行のように受け入れることに対して、「テストの結果から逆向きに、評価のための教育を考える方向に時に歪曲する危険性もある」とその危険性について指摘している。

Ⅱ　PISAの「読解力」調査が日本の教育に与えた影響について

　PISA調査が、日本の多くの教育関係者に認知されるようになったのは、二〇〇三年（平成十五年）に行われた調査の結果が発表された二〇〇四年（平成十六年）の十二月からである。

　第一回の調査はそれより三年前の二〇〇〇年（平成十二年）に行われ、翌年にその結果が発表された。このとき二八の国と地域が参加したが、日本はその中で八位という順位であった。この調査では、参加国でも日本は上位で、それより上の国との差があまりなかったこと、抽出ということで調査そのものが知られていなかったこと、調査問題の意義等ついて理解が十分でなかったこともあり、八位という順位があまり着目をあびることがなかった。ところが、第二回調査において、八位から十四位に順位が下ったことがマスコミに大いに注目された。それは、国語で読解に関する授業にかなりの時間をかけているにもかかわらず、生徒に十分な読解力を身に付けさせていなかったのではないかということが問われたからである。

　このときマスコミやその報道を聞いた教育関係者の多くは、PISA調査の「読解力」と、これまでに日本の学校で育ててきた国語の読解力とを同一視していたこともあり、日本の子どもたちの学力の低さがクローズアップされ、重大な問題として認識されたのである。これがいわゆる

「PISAショック」と言われているものである。

PISAショックを受け、その後教育誌などではPISA調査の「読解力」に関する特集（注1）などが組まれたり研究発表会（注2）が行われたりするなど、小中学校の現場では、PISA調査の「読解力」の育成を図る動きが出てきた。そこで、この章では、PISA調査の「読解力」が、日本の教育にどのような影響をもたらしたのかをみていくことにする。

1　PISAの「読解力」調査における日本の生徒の問題点

PISA調査の「読解力」で問題となったのは、先にも述べたように二〇〇三年PISA調査の結果である。これに対して文部科学省は、結果が発表された二〇〇四年十二月には、前年に行われたPISA調査及び国際数学・理科教育動向調査（TIMSS）の結果の評価や分析、指導資料の作成などを行うとともに、中央教育審議会における学習指導要領の検討に必要な資料を得るために、PISA・TIMSS対応ワーキング・グループを設置した。そして、『PISA調査（読解力）の結果分析と改善の方向（中間まとめ）』を作成した。それを翌年の二〇〇五年の一月に臨時全国都道府県・指定都市教育委員会指導主事会議で配付した。同年十二月には「読解力向上プログラム」を策定し、さらに『読解力向上に関する指導資料〜PISA調査（読解力）の結果分析と改善の方向』を作成した。

この『読解力向上に関する指導資料』（今後は副題を省略する形で表記する）は、大きな意味をもっていた。というのは、日本におけるＰＩＳＡ調査の「読解力」を育成するための国としての指針を、小中高の教育現場に広めるという役割を果たしたからである。その後、この指導資料と、ＰＩＳＡ調査の上位に位置していたフィンランドの教育方法、いわゆるフィンランド・メソッド（注３）を、小学校の教育現場を中心に取り入れていこうとする動きも広まっていった。

ところで『読解力向上に関する指導資料』では、日本の生徒の課題について次のように指摘している。

今回の調査結果の分析及び二〇〇三年の公開問題の内容検討から、読解のプロセスとしては「解釈」「熟考・評価」、出題形式としては「自由記述形式」に課題があり、具体的には次のような問題に課題がみられた。

ア　テキストの表現の仕方に着目する問題
イ　テキストを評価しながら読むことを必要とする問題
ウ　テキストに基づいて自分の考えや理由を述べる問題
エ　テキストから読み取ったことを再構成する問題
オ　科学的な文章を読んだり、図やグラフをみて答える問題

ここで「自由記述形式」というのは、答えを導いた考え方や求め方、理由を説明するなど、長

めの語句で答える問題のことを言う。自由に自分の考えや感想を書くというものではない。二〇〇〇年に行われたＰＩＳＡ調査の問題から、課題のア～オについて該当する具体的な問題をあげてみる。（二〇〇三年には「読解力」に関する問題の公表はなかった。）

ア　テキストの表現の仕方に着目する問題

〇贈り物　問七「熟考・評価」「自由記述」

「贈り物」の最後の文が、このような文で終わるのは適切だと思いますか。最後の文が物語の内容とどのように関連しているかを示して、あなたの答えを説明してください。

（正答率34・2パーセント、無答率40・7パーセント）

イ　テキストを評価しながら読むことを必要とする問題

〇インフルエンザ　問二「熟考・評価」「自由記述」

この通知の内容（何を述べているか）について考えてみましょう。そのスタイル（内容を伝える方法）について考えてみましょう。町田さんは、この通知を親しみをこめて誘いかけるスタイルにしたいと考えました。うまくできていると思いますか。通知のレイアウト、文体、イラストなどについて詳しく述べながら、そう考えた理由を説明してください。

（正答率44・1パーセント、無答率41・9パーセント）

ウ　テキストに基づいて自分の考えや理由を述べる問題

○チャド湖　問３「熟考・評価」「自由記述」

筆者はこのグラフの始まる年として、どうしてこの年を選んだのですか。

（正答率48・8パーセント、無答率24・7パーセント）

エ　テキストから読み取ったことを再構成する問題

○アマンダと公爵夫人　問三「解釈」「求答」

次の表は、「レオカディア」のこの場面の上演にかかわる舞台技術者の一覧表です。課題文１の舞台で、それぞれの技術者が実行しなければならない指示を一つずつ書き出して、この表を完成させてください。

（正答率63・9パーセント、無答率17・3パーセント）

オ　科学的な文章を読んだり、図やグラフをみて答える問題

○ルール　問二「解釈」「自由記述」

この冷凍受精卵の着床の例にあるように、新しい技術によって、どのようにして新しいルールが必要となったかを説明している実例を、この社説の中から二つあげてください。

（正答率24・4パーセント、無答率47・7パーセント）

アのテキストの表現の仕方に着目する問題は、日本でも小中高のどの段階でも国語科の授業で指導してきている。しかし、文学的な文章でも説明的な文章でも、主として書かれている内容の理解に指導の重点が置かれてきている。それに対してテキストの特徴をとらえることに、時間をかけて指導することが行われてきていなかった。そのため、こうした問題に慣れていない生徒が多く、どのようにテキストを分析していったらわからなかったことも正答率の低さにつながっている。表現に関する問題は定期試験等で選択肢で出題されても、正しい答えを導き出せない生徒は多い状況がある。

イのテキストを評価しながら読むことを必要とする問題については、この時点では国語科の指導の中でほとんど行われてこなかった。この「評価しながら読む」というのは、テキストをクリティカルに読むということであって、従来の国語の授業の中では、教科書の文章の妥当性や信頼性を吟味するような指導はほとんど行われていない。メディアリテラシーの視点からの実践はいくつかあったが、全体的には取り組む教師はあまり多くなかったため、クリティカルに読むといった能力が育っていないのが現状であった。そのため、アと同様にどのようにテキストを分析していったらよいか理解できなかったことが正答率の低さにつながっている。授業の中であまり取り組んでこなかったため、正答率が低かったものは、エやオについても言える。

ウのテキストに基づいて自分の考えや理由を述べる問題については、国語の授業の中で行われてきているが、言語能力として身に付いていないものの一つにあげられる。この問題については、考え方というよりも書き方についても課題がみられる。なぜそのように考えたのかという根拠をあげて、書いたり発言したりするということが十分にできていないにもかかわらず、それを改善していくことに至っていない現状がある。

ところで、こうした「自由記述形式」の問題として気になるものとして、正答率が低いということだけでなく、無答率が非常に高いことがあげられる。これについて資料1（注4）を見てほしい。

チャド湖の問題の問三については、正答率では四八・八パーセントと、一番正答率の高かったフィンランドと比べても〇・二パーセントしか差がない。上位グループは良くできているが、その反面無答率では上位の国の中では一番高い。インフルエンザの問題の問二については、無答率が四一・九パーセントと他の国と比較しても飛び抜けて高いものになっている。さらに「自由記述形式」全体を見ていくと、九問中八問が、一五パーセント以上という結果であった。

「自由記述形式」に関しての無答率の高さの原因として、次のことが考えられる。

① 何が問われているのかがよくわからない。

② どのように考えて解決していったらいいかわからない。

③ どのように書いたらいいのかわからない。

④ 問題に取り組み、考えることがめんどうである。

⑤ どうせ間違っているから書かない。

①については、これまで生徒たちが受けてきた試験と比べると、今までにないものが求められていることや、問い方についても慣れていないために戸惑ったものも多くいたことが考えられる。中学校や高等学校の教師に、実際に問題をやってもらったところ、出題の意図がよくつかめずに、勘違いして解答するものもいた。教師でさえも問い方に戸惑うものもいたことからすると、何を問われているかよくわからなかった生徒がいたことは充分考えられる。

今までにないものが問われているという点については②も同様で、ア～オに対する問題点でも述べたように、PISA調査の「読解力」で問われているようなものが、これまで日本ではあまり学習されていないため、PISA調査の「読解力」に関しての学力が十分に身に付いていないことが考えられる。

③については、一〇〇字程度の長さのものであっても、必要な事柄を適切に説明する文章を書くことができない生徒がいる。そうした生徒の多くは、まず結論を示し、次にテキストの記述を根拠にして自分の考えを述べるといった基本的な書き方が身に付いていない。

④は、問題に取り組むことに対して、めんどうと感じる生徒の多くは、根底にどうせ考えてもわからないという諦めの気持ちがある。こうした生徒については学習意欲を引き出していくかということが大きな課題である。学習への意欲が、学力差につながっている。

⑤のような傾向として、日本人の特性として見られるものではあるが、そうした特性をつくっ

資料１

チャド湖に関する問３の結果

（単位：％）

	反応率			正答率		
	正答	誤答	無答	全体	女子	男子
日本	48.8	26.5	24.7	48.8	48.5	49.3
オーストラリア	35.0	52.5	12.6	35.0	36.8	33.4
カナダ	36.5	55.6	7.9	36.5	36.8	36.5
フィンランド	49.0	40.9	10.2	49.0	53.8	44.2
フランス	45.3	40.3	14.4	45.3	46.8	44.0
ドイツ	31.6	46.6	21.8	31.6	32.1	31.0
アイルランド	37.0	50.2	12.8	37.0	38.2	36.2
イタリア	41.6	35.0	23.3	41.6	45.9	37.3
韓国	37.2	43.7	19.1	37.2	40.4	34.6
ニュージーランド	36.1	54.1	9.7	36.1	39.3	33.7
イギリス	35.9	49.9	14.3	35.9	39.0	32.2
アメリカ	27.9	62.7	9.4	27.9	28.7	27.2
OECD 平均	36.9	45.2	17.9	36.9	39.2	34.9

インフルエンザに関する問２の結果

（単位：％）

	反応率				正答率		
	完全正答	部分正答	誤答	無答	全体	女子	男子
日本	41.6	5.0	11.6	41.9	44.1	49.8	38.1
オーストラリア	54.4	9.7	23.2	12.7	59.3	68.1	51.8
カナダ	58.3	14.7	24.2	12.9	55.6	63.8	47.5
フィンランド	39.1	15.3	31.8	13.8	46.8	59.8	33.8
フランス	30.6	26.2	13.4	29.8	43.7	52.1	35.2
ドイツ	47.1	9.8	20.3	22.8	52.0	58.7	45.1
アイルランド	53.1	12.9	23.5	10.6	59.5	70.0	49.1
イタリア	35.5	7.8	28.9	27.7	39.4	50.6	28.4
韓国	31.2	20.7	24.9	23.2	41.6	45.0	39.0
ニュージーランド	46.5	10.5	29.9	13.1	51.7	63.7	41.3
イギリス	65.7	7.3	15.4	11.5	69.4	77.0	60.8
アメリカ	31.8	13.9	41.0	13.4	38.8	45.2	32.5
OECD 平均	38.0	13.7	26.7	21.6	44.9	52.8	37.2

てきたのは教師の指導にも責任がある。例えば、テストで記述問題があったとき、書かれている内容が間違っていたとき×をつけるのは当然である。しかし、書いたという行為に対しての関心・意欲・態度についての評価をするということは、評価の観点があるにもかかわらず、ほとんど行われてこなかった。そうした積み重ねを通して、間違っていると思ったら書いても無駄ということが生徒にすり込まれていったと考えられる。

その後二〇一二年調査では日本の平均正答率はＯＥＣＤの平均を八ポイント上回り第四位となった。日本の平均無答率は低くなったとはいうものの、ＯＥＣＤの平均とほぼ同じであった。「自由記述形式」については、ＯＥＣＤ平均よりも五ポイント無答率が高いものが四題あった。

無答率ということについては、ＰＩＳＡ調査や、平成十三年年度小中学校教育課程実施状況調査を踏まえるまでもなく、小中高の教育現場の教師の多くは理解している。しかし、国際調査のデータとして示されると、この無答率ということが仕方がないことで片づけられない重要な課題ということが、改めて浮き彫りになったのではないだろうか。

2　ＰＩＳＡ調査と日本の教育

二〇〇〇年からＰＩＳＡ調査が始まり、二〇一三年には第五回の結果が発表された。この間のＰＩＳＡ調査と関わりのある日本の教育がどのように行われていたのかを、資料２のように整理してみた。

この中で、まず押さえたいのは、二〇〇五年十二月に「読解力向上プログラム」を策定し、『読解力向上に関する指導資料』を作成したことである。この「読解力向上プログラム」では、改善のための三つの重点目標（次の引用のア～ウのこと）と、文部科学省と教育委員会が連携して行う五つの重点戦略を定めたことである。そして『読解力向上に関する指導資料』でより具体的な方針を示したことだ。

指導資料で特に着目したいのは、ＰＩＳＡ調査の「読解力」を身に付けるための授業改善の取り組みとして、次の七つの指導のねらい（ア～ウのそれぞの（ア）（イ）の部分を足すと七つになる）を示したことである。

ア　テキストを理解・評価しながら読む力を高めること
（ア）目的に応じて理解し、解釈する能力の育成
（イ）評価しながら読む能力の育成
（ウ）課題に即応した読む能力の育成
イ　テキストに基づいて自分の考えを書く力を高めること
（ア）テキストを利用して自分の考えを表現する能力の育成
（イ）日常的・実用的な言語活動に生かす能力の育成

ウ　様々な文章や資料を読む機会や、自分の意見を述べたり書いたりする機会を充実すること。

（ア）多用なテキストに対応した読む能力の育成

（イ）自分の感じたことや考えたことを簡潔に表現する能力の育成

資料2

年	PISA調査に関するもの	日本の教育に関するもの
二〇〇〇年	・第一回調査	
二〇〇一年	・第一回結果公表　第八位	
二〇〇三年	・第二回調査	
二〇〇四年	・第二回結果公表　第十四位 ※PISAショック	・PISA・TIMSS対応ワーキンググループを設置する
二〇〇五年		・臨時の全国都道府県・指定都市指導主事会議を開催し、結果の分析と改善の方向（中間まとめ）を示す。 ・「読解力向上プログラム」策定。 ・『読解力向上に関する指導資料～PISA調査（読解力）の結果分析と改善の方向』を作成
二〇〇六年	・第三回調査	・改正教育基本法の公布
二〇〇七年	・第三回結果公表　第十五位	・第一回全国学力・学習状況調査 ・改正学校教育法の公布
二〇〇八年	・第四回調査 ※デジタル「読解力」調査 ※「読解力」の定義の変更	・中央教育審議会「審議のまとめ」 ・中央教育審議会答申 ・新しい学習指導要領の告示

二〇〇九年	・第四回結果公表　第八位	
二〇一〇年		・「児童生徒の学習評価の在り方について」の報告 ・「小学校、中学校、高等学校及び特別支援学校における児童生徒の学習評価及び指導要録の改善について」の通知
二〇一一年		・「評価規準の作成、評価方法等の工夫改善のための参考資料」の作成 ・「言語活動の充実に関する指導事例集―思考力、判断力、表現力等の育成に向けて」（小学校版、中学校版）の作成
二〇一二年	・第五回調査	
二〇一三年	・第五回結果公表　第四位	

Ⅰ章で、ＰＩＳＡ型「読解力」についての整理を行ったが、このア～ウの改善の取り組みが、ほぼそのままＰＩＳＡ型「読解力」の内容として理解されているのである。この七つの指導のねらいに対して、『読解力向上に関する指導資料』では、さらにこれまでの指導に工夫・改善を加えることで短期間で実践できる具体例を示している。ＰＩＳＡ調査の「読解力」についての理解がまだ進んでいなかったこともあり、十分に研究されたものではなかったが、学習指導要領との整合性を踏まえた指導例を示したことは評価できる。また、ＰＩＳＡ型「読解力」を国語科だけでなく、全教科で育成を図るとしたことも、学校としての取り組みを可能なものにしたといえる。その後、ＰＩＳＡ調査の「読解力」というよりもＰＩＳＡ型「読解力」の育成に当たって、この七つの指導のねらいを踏まえて指導することが、文部科学省による学力向上拠点形成事業などの

支援や各県の教育委員会の取り組みなどもあり、平成二十年版の学習指導要領が出るまで全国に少しずつ広がっていった。

3　全国学力・学習状況調査との関連

二〇〇七年（平成十九年）より始まった全国学力・学習状況調査は、二〇〇五年十月二十六日の中央教育審議会答申「新しい時代の義務教育を創造する」の提言を踏まえたものであった。この答申で、全国学力・学習状況調査を実施することについて次のように述べている。

各教科の到達目標を明確にし、その確実な修得のための指導を充実していく上で、子どもたちの学習の到達度・理解度を把握し検証することは極めて重要である。客観的なデータを得ることにより、指導方法の改善に向けた手がかりを得ることが可能となり、子どもたちの学習に還元できることとなる。このような観点から、子どもたちの学習到達度・理解度についての全国的な学力調査を実施することが適当である。

この答申を受けて、二〇〇六年四月二十五日に全国的な学力調査の実施方法等に関する専門家検討会議から、「全国的な学力調査の具体的な実施方法等について」の報告が出された。これをもとに問題作成から評価に至るまでの具体的なシステムが作り出されて、翌年の四月より全国学力・学習状況調査が始まった。

全国学力・学習状況調査がＰＩＳＡ調査の「読解力」の影響を受けていることは、随所に見られる。例えば「全国的な学力調査の具体的な実施方法等について」の報告の次の部分にはＰＩＳＡ調査の「読解力」の低下を受けていることが明示されている。

> 対象とする実施教科については、国の責務として果たすべき義務教育の機会均等や一定以上の教育水準が確保されているかどうかを把握する必要があること、大規模な調査を確実に実施する必要があることに加え、
> ・読み・書き・計算など、日常生活やあらゆる学習の基礎となる内容を教える教科であること
> ・国際学力調査において読解力が低下（ＰＩＳＡ２０００：８位→ＰＩＳＡ２００３：１４位）していることや教育課程実施状況調査において国語の記述式問題や中学校の数学に課題が見られることなどの課題が見受けられることを考慮すると、まずは小学校の国語・算数、中学校の国語・数学とすることが適当である。
> （傍線筆者）

さらに、二〇一二年までの全国学力・学習状況調査の解説資料によると、この調査の一番の特徴である「活用」問題の枠組みについて次のような説明がある。

例えば、読んだ文章について評価したり自分の意見を書いたりするなど、読むことのみにとどまらず、自分の考えなどを記述する問題を出題している。その際には、「評価しながら読む能力」や「テキストを利用して自分の考えを表現する能力」など、「読解力向上に関する指導資料」に示された七つの視点に沿った出題も含むよう工夫した。これらの問題は、一つに限定される正答を書くのではなく、いくつかの選択肢やいろいろな考え方があるものについて、自分の考えを明確にもって記述するものとなるように配慮した。

「活用」の問題の例としては、知識・技能を実社会の中で活用する能力という観点から、次のようなものを挙げることができる。

①現実的、社会的な状況の変化に対応しながら、言葉を介して人間関係を築いたり、社会と積極的に結び付きをもったりすることができること

②調査・研究するために、自分で課題を設定したり課題を追究したりすることができること

③読んだり聞いたりしたものについて、評価したり応用したりすることができること

（傍線筆者）

最初の傍線部では、全国学力・学習状況調査は学習指導要領の実施の状況を調査するものになっているが、同時にPISA調査の「読解力」についても、学習状況を評価しようとするものになっている。「評価しながら読む」「テキストを利用して自分の考えを表現する能力」は、先に述べたようにPISAの「読解力」調査において、日本の生徒たちの課題となっている点である。そ

のために七つの指導のねらいで授業改善をしていくことが求められているのである。

二つめの傍線部にある「知識・技能を実社会で活用する能力」は、まさにＰＩＳＡ調査の「読解力」で求められている必要な能力であり、そのために「活用」の問題が作成されることが示されている。また、「活用」では各大問に一〇〇字程度の記述式の問題もあり、ここでもＰＩＳＡ調査の「読解力」の「自由記述」を踏まえたものとなっている。このように全国学力・学習状況調査は、まさにＰＩＳＡ調査の「読解力」に対応したものとして設計されていることがわかる。ところで「活用」の問題という枠組みは、「読解力向上プログラム」に述べられていたＰＩＳＡ調査の「読解力」の特徴として整理された「②テキストを単に「読む」だけではなく、テキストを利用したり、テキストに基づいて自分の意見を論じたりするなどの「活用」も含んでいること」の「活用」の部分を受けたものと考えられる。

さらに、全国学力・学習状況調査は、教科に関する調査と、生活環境や学習環境に関する質問紙調査とでできている。こうした学力の問題と学習環境等による質問紙調査は、今後の学習改善や生活指導に向けての必要なデータを収集するものであり、ＰＩＳＡ調査でも行われている。こうしたところにもＰＩＳＡ調査の影響がみられる。

4　学習指導要領と言語活動の充実について

二〇〇八年（平成二十年）三月に改訂された学習指導要領の総則の「第一　教育課程編成の一

般方針」に示された目標は次のようにが示されている。

学校の教育活動を進めるに当たっては、各学校において、生徒に生きる力をはぐくむことを目指し、創意工夫を生かした特色ある教育活動を展開する中で、基礎的・基本的な知識及び技能を確実に習得させ、これらを活用して課題を解決するために必要な思考力、判断力、表現力その他の能力をはぐくむとともに、主体的に学習に取り組む態度を養い、個性を生かす教育の充実に努めなければならない。その際、生徒の発達の段階を考慮して、生徒の言語活動を充実するとともに、家庭との連携を図りながら、生徒の学習習慣が確立するよう配慮しなければならない。

（傍線筆者）

「知識・技能の習得と思考力・判断力・表現力その他の能力をはぐくむこと」や「言語活動の充実」については、二〇〇八年一月の中央教育審議会の「幼稚園、小学校、中学校、高等学校及び特別支援学校の学習指導要領等の改善について（答申）」を受けている。特に、思考力・判断力・表現力等の育成ということは、今回の学習指導要領における生きる力の知の部分に関する最も重要な視点となっている。思考力・判断力・表現力等の重視ということは、何と言っても二〇〇七年に改訂された学校教育法の第三〇条第二項（第四九条で中学校に準用　第六二条で高等学校に準用）を踏まえていることは言うまでもない。

前項の場合においては、生涯にわたり学習する基盤が培われるよう、基礎的な知識及び技能を習得させるとともに、これらを活用して課題を解決するために必要な思考力、判断力、表現力その他の能力をはぐくみ、主体的に学習に取り組む態度を養うことに、特に意を用いなければならない。

第三〇条は、法律の中に位置づけられた学力に関しての規定であり、国として児童・生徒に対してどのような学力を身に付けていくべきかを明示したものである。これによって一九九九年から始まった学力低下論争（注5）が一つの区切りを迎えて、新たな学力の育成を図る時代に入っていることをより明確なものにしたと言えるだろう。この学力規定は、今後学力について論議する際の一つの基準となるものでもある。そして、この第三〇条をもとに二〇〇八年の中央教育審議会答申では、学力の三要素を次のように示した。

①基礎的・基本的な知識・技能の習得
②知識・技能を活用して課題を解決するために必要な思考力・判断力・表現力等
③学習意欲

この学校教育法第三〇条第二項ならびに二〇〇八年の中央教育審議会答申の文言を受けた形で、二〇〇八年（平成二十年）三月に改訂された学習指導要領の総則が作成されているのである。今回の学習指導要領は、新しい学力規定をもとに作成されたものであり、それ以前のものと大きく異なる。

そして、学力の三要素の一つである思考力・判断力・表現力等の育成のための方策として重視されているのが、「言語活動の充実」なのである。この言語活動の充実について、二〇〇八年の中央教育審議会答申では、次のように述べられている。（注6）

〇3．で示した子どもたちの学力に関する各種の調査の結果は、活用などの思考力・判断力・表現力等に課題があることを示している。今回の改訂においては、各学校で子どもたちの思考力・判断力・表現力等を確実にはぐくむために、まず、各教科の指導の中で、基礎的・基本的な知識・技能の習得とともに、観察・実験やレポートの作成、論述といったそれぞれの教科の知識・技能を活用する学習活動を充実させることを重視する必要がある。各教科におけるこのような取組があってこそ総合的な学習の時間における教科等を横断した課題解決的な学習や探究的な活動も充実するし、各教科の知識・技能の確実な定着にも結び付く。このように、各教科での習得や活用と総合的な学習の時間を中心とした探究は、決して一つの方向で進むだけではなく、例えば、知識・技能の活用や探究がその習得を促進するなど、相互に関連し合って力を伸ばしていくものである。

○現在の各教科の内容＊1、ＰＩＳＡ調査の読解力や数学的リテラシー、科学的リテラシーの評価の枠組み＊2などを参考にしつつ、言語に関する専門家などの知見も得て検討した結果、知識・技能の活用など思考力・判断力・表現力等をはぐくむためには、例えば、以下のような学習活動が重要であると考えた。このような活動を各教科において行うことが、思考力・判断力・表現力等の育成にとって不可欠である。

各教科等における言語活動の充実は、今回の学習指導要領の改訂において各教科等を貫く重要な改善の視点である。

それぞれの教科等で具体的にどのような言語活動に取り組むかは8．で示しているが、国語をはじめとする言語は、知的活動（論理や思考）だけではなく、5．（7）の第一で示したとおり、コミュニケーションや感性・情緒の基盤でもある　（傍線筆者）

「子どもたちの学力に関する各種の調査」というのは、教育課程実施状況調査や全国学力・学習状況調査といった国内の調査だけでなく、国際的な調査のＰＩＳＡ調査もそこには含まれている。こうした調査の結果を踏まえて思考力・判断力・表現力等の育成といったことが課題となっている。そう考えると、学校教育法第三〇条第二項における学力規定もPISA調査で求められている学力と重なりあっており、PISA調査の影響を強く受けたものと考えられる。変化の激しい社会の中で必要とされる学力というものは、グローバル化ということと無縁であることはありえないのである。

なお、言語活動の充実については、二〇〇四年二月三日に出された文化審議会答申「これからの時代に求められる国語力について」に、国語が果たす役割として「知的活動の基盤」「感性・情緒等の基盤」「コミュニケーション能力の基盤」という考え方が既に打ち出されていた。この国語力という考え方をもとにしながら、PISA調査の「読解力」の影響を受けながら、言語力という言い方を経て、言語活動の充実というところに至っていること（注7）を押さえておきたい。

5　国語科の学習指導要領について

PISA型「読解力」を育成するにあたり、その中核となるべき最も重要な思考力・判断力・表現力等を育成するために、各教科等での取り組みが重視されているが、PISAの「読解力」調査の影響は、国語科の学習指導要領に最も強く反映している。まず、前回の学習指導要領と今回の中学校国語科の学習指導要領の「読むこと」の指導事項に関する枠組みについて比較してみる。

平成二十年版では、前回のものに比べると枠組みが整理された。この中で着目したいのは「自分の考えの形成」が新設されたことである。この指導事項は、二つの系列でできている。それは従来もあったように文章の内容やそこに現れているものの見方や考え方に関するものと、表現の形式に関するものである。表現の形式についての指導については、前回のものにも「構成や展開」「表現の仕方」という枠組みはあったが、二十年版で大きく違う点は、表現の形式について自分の考えや意見をもつことが求められているという点である。この系列についてみていく。

◇平成十年版

語句の意味や用法
内容把握や要約
構成や展開
表現の仕方
主題や要旨と意見
ものの見方や考え方
情報の活用

◇平成二十年版

語句の意味の理解
文章の解釈
自分の考えの形成
読書と情報活用

(第一学年　エ)文章の構成や展開、表現の特徴について、自分の考えをもつこと。

(第二学年　エ)文章の構成や展開、表現の仕方について、根拠を明確にして自分の考えをまとめること。

(第三学年　ウ)文章を読み比べるなどして、構成や展開、表現の仕方について評価すること

このような表現の形式について、自分の考えをもつことはこれまでになかった指導事項であり、

自分の考えをもつことを評価するためには、当然書いたり話したりといった表現の言語活動が必要となってくることが想定されている。読み取ったことをもとに自分の考えを書くことを苦手としているといったＰＩＳＡの「読解力」調査等での日本の生徒の課題に対応するものになっている。

そして表現の形式について自分の考えをもつことが、ＰＩＳＡ調査の「読解力」の「熟考・評価」に該当するのは、Ⅰ章で読む行為のプロセスで述べたように、「熟考・評価」に「テキストの文脈の熟考・評価」「テキストの形式の熟考・評価」の二つのものが統合されていることからも理解できる。こうして「読むこと」の指導事項の枠組み自体が、ＰＩＳＡ調査の「読解力」の読む行為のプロセスである「情報の取り出し」「テキストの解釈」「熟考・評価」を受けたものになっていることがわかる。（注８）

さらに「自分の考えの形成」の指導事項で押さえておきたいものは、（第三学年　ウ）「文章を読み比べるなどして、構成や展開、表現の仕方について評価すること」ことである。「文章を読み比べる」という学習は、ＰＩＳＡの「読解力」調査でもよく行われている。そうした複数の情報を処理することが指導事項として入ってきている。また、「評価する」ということは、ＰＩＳＡ型「読解力」を育成するための七つの視点の「ア　テキストを理解・評価しながら読む力を高めること」の「（イ）評価しながら読む能力の育成」に関するものである。「評価する」ということは、いわゆるクリティカルリーディングを想定したものとなっており、この点についてもＰＩ

SAの「読解力」調査で日本の生徒の課題となっているものの一つである。

（注1）「特集　これから求められる「読解力」～ＰＩＳＡ調査の「読解力」とは何か～」『日本語学』（二〇〇六年六月号　明治書院）、「特集　ＰＩＳＡ型読解力は何を示唆するか」『現代教育科学』（二〇〇六年九月号　明治図書）などの特集が組まれた。

（注2）横浜国立大学教育人間学部附属横浜中学校では、二〇〇六年三月にＰＩＳＡ型「読解力」について研究発表会を実施し、ＦＹプロジェクト横浜国立大学教育人間学部附属横浜中学校編『「読解力」とは何か――ＰＩＳＡ調査における「読解力」を核としたカリキュラムマネジメント』（二〇〇六年三月　三省堂）を出している。

（注3）北川達夫&フィンランド・メソッド普及会『図解　フィンランド・メソッド入門』（二〇〇五年　経済界）には、フィンランド・メソッドのことがわかりやすく解説されている。

（注4）文部科学省『ＰＩＳＡ調査（読解力）の公開問題例』（平成十七年一月）http://www.mext.go.jp/a_menu/shotou/gakuryoku/siryo/05020801/012.pdf

（注5）岡部恒治・戸瀬信之・西村和雄『分数のできない大学生―21世紀の日本が危ない』（一九九九年　東洋経済新報社）

（注6）中央教育審議会「幼稚園、小学校、中学校、高等学校及び特別支援学校の学習指導要領等の改善について（答申）」（平成二十年一月）より最初の二つのまとまりが24・25頁、三つめのまとまりが53頁

（注7）言語活動の充実が、平成二十年版学習指導要領の重要な概念に至るまでに、次のような経緯がある。
①文化審議会答申「これからの時代に求められる国語力について」（平成十六年）
②文部科学大臣の審議要請「学習指導要領の見直しの検討課題」の14項目の一つにあげられる（平成十七年二月十五日）
③中央教育審議会「審議経過報告」（平成十八年二月十三日
④「文字と活字文化振興法」（平成十七年七月二十九日）
⑤「言語力」の育成方策：言語力育成協力者会議「国語力の育成方策について（報告草案）【修正案・反映版】」（平成十八年八月十六日）
⑥中央教育審議会「審議のまとめ」（平成十九年十一月七日）

⑦中央教育審議会答申「幼稚園、小学校、中学校、高等学校及び特別支援学校の学習指導要領等の改善について」（平成二十年一月）

⑧「小学校版」「中学校版　言語活動の充実に関する指導事例集～思考力・判断力・表現力等　の育成に向けて～」（平成二十三年五月）「高等学校版」（平成二十四年六月）

（注8）小学校の学習指導要領の「読むこと」の枠組みは、次のようになっている。

音読
効果的な読み方
説明的な文章の解釈
文学的な文章の解釈
自分の考えの形成及び交流
目的に応じた読書

「文章の解釈」「自分の考えの形成」という点については、ＰＩＳA調査の「読解力」の読む行為のプロセスに該当しており、中学校と同じ考え方で作られている。

Ⅲ　全国学力・学習状況調査とは

二〇〇七年（平成十九年）より始まった全国学力・学習状況調査は、二〇一一年の東日本大震災の行われた年を除き、二〇一三年の調査までに六回行われた。この間に、政権交代の影響で悉皆調査が抽出調査になったこともあったが、現在では日本の生徒が身に付けてきた学力の評価を行うためのものとして小学校ならびに中学校の教育現場に定着してきている。Ⅱ章では全国学力・学習状況調査がＰＩＳＡ調査の「読解力」の影響を受けていることについて述べたが、この章では、全国学力・学習状況調査がどのような意味をもっているのか、この調査で育成すべき学力とは何だったのかということについて、中学校の国語の問題を取り上げながら考えていきたい。

1　全国学力・学習状況調査の日本の教育における役割

全国学力・学習状況調査の問題はそれぞれの年度の解説資料にあるように、その基本理念として「知識」に関するＡ問題と「活用」に関するＢ問題の二種類で構成されている。これは「全国的な学力調査の具体的な実施方法等について」の報告（注１）に基づくものであり、その報告では次のように説明されている。

各学校段階における各教科などの土台となる基盤的な事項に絞った上で、以下のように問題作成の基本理念を整理することが適当である。

- 身に付けておかなければ後の学年等の学習内容に影響を及ぼす内容や、実生活において不可欠であり常に活用できるようになっていることが望ましい知識・技能など（主として「知識」に関する問題）
- 知識・技能等を実生活の様々な場面に活用する力や、様々な課題解決のための構想を立て実践し評価・改善する力などにかかわる内容（主として「活用」に関する問題）

こうした二種類の問題で構成されている理由として、三つのことが考えられる。（注2）一つめは、改正された学校教育法第三〇条第二項で位置づけられている学力の育成を図ることが想定されているからである。（注3）学校教育法にある「基礎的な知識及び技能を習得させる」ことと、これらを「活用して課題を解決するために必要な思考力・判断力・表現力その他の能力をはぐくむ」という考え方が、全国学力・学習状況調査の問題にも反映しているのである。

二つめは、国際標準の学力であるＰＩＳＡ調査の「読解力」の育成を図るものとなっているからである。特にＢ問題はＰＩＳＡ型「読解力」育成のための七つの視点にも配慮して問題が作られていることからもわかる。（注4）

三つめは、実社会における知識を活用する力を育成するためである。これは主としてＢ問題にかかわってはいるが、A問題でも日常生活の場面を設定し、これまでに身に付けた知識をもとに考えるものもある。つまり全国学力・学習状況調査は、法律に位置づけられた学力、PISA調査の「読解力」といった国際標準の学力、実社会に出て活用できる学力、これらの学力の育成を図る役割をもっているといえるだろう。

ところで、全国学力・学習状況調査は、教育課程実施調査と違って、悉皆調査で行われるように設計されていた。次の学習指導要領に向けての学習状況を調査するならば、これまでと同じように教育課程実施状況調査と同じであってもいいという議論もあった。そのため政権が交代したとき抽出調査になった年もあった。しかし、次の政権交代により悉皆調査に戻った。どうして悉皆調査でないといけないのかという理由について「全国的な学力調査の具体的な実施方法等について」の報告の次のところから考えてみたい。

○実施規模については、以下の観点から、原則として、対象学年の全児童生徒を対象として実施することが必要である。

・義務教育におけるPDCAサイクルを確立するため、教育活動の結果をきちんと検証するために実施する必要があること。

・すべての児童生徒の学習到達度を把握することによって、国の責務として果たすべき義務教育の機会均等や一定以上の教育水準が各地域等において確保されているかどうかをきめ細かく把握するとともに、これまでに実施されてきた教育及び教育施策の成果と課題などその結果の検証を国の責任で行う必要があること。

・すべての教育委員会、学校等が、全国的な状況との関係における学力に関する状況、教育条件の整備状況、児童生徒の学習環境や家庭における生活状況等を知り、その特徴や課題などを把握し、主体的に指導改善等につなげる機会を提供するとともに、広い視野に立って教育指導等の改善を図ることや教育施策の改善につなげることにより、義務教育の機会均等や一定以上の教育水準を確保することが可能となること。

・各学校が、学校評価において特色ある教育活動を適切に評価する際に、具体的な指標に基づいて適切な学校評価を行うことができること。

（傍線筆者）

ここからわかるように全国学力・学習状況調査は、義務教育におけるPDCAサイクルの一環として組み込まれ、全ての児童・生徒の義務教育の機会均等と教育水準を保証するためのものとしての機能が設定されている。さらに、この結果を各教育委員会ならびに学校が指導改善に生かしていくことが求められている（注5）ということから考えると、悉皆調査で行うことは、一人一人の児童・生徒に焦点を当てた義務教育の推進を図るという義務教育の構造改革（注6）にとっても欠かせないものであるからだ。こうした取り組みを行うことで「教育に関する継続的な検証改善サイクル」を作り出そうとした。（注7）その結果、二〇一〇年のように対象者が三〇パーセントの抽出になったときも、実際には希望した教育委員会が多数あり全国の公立校では七八・七パーセントもの参加となった。ここからも継続的な検証改善サイクルが定着しつつあることを示していると判断できる。問題の公開と毎年の実施は、各教育委員会や学校が教育指導の改善をするためには、不可欠なものであると言えるかもしれない。

悉皆調査であることの大きな意味としてもう一つは、全国学力・学習状況調査が新しい学力観を定着させるためのメッセージとして役割を担っていたということである。このとき大きく作用したのがマスコミの効果である。調査が実施され問題が公開されたときと、結果が発表されたときの年二回、マスコミで大きく取り上げられる。小学校では全教師が第六学年になると問題を見たり結果を知ったりする機会がくるので、当然問題やその結果について分析する必要が出てくる。また中学校では国語と数学の担当教師は特に関心が高いのはもちろんのことである。しかし、他の教科の教師も、全国学力・学習状況調査が思考力・判断力・表現力等の育成と大きくかかわっていることから、言語活動の充実については学校全体で取り組んできているところもある。そうした取り組みがB問題に反映することになると、そうそう無関心というわけにはいかない。自分の学校の状況を知りたくなるはずである。

こうした全国学力・学習状況調査の問題やその結果に対する関心の高さによって、特にB問題で問われている学力観を身に付けることの必要性が、学校だけでなく教育関係者にも浸透していっている。当初計画の中にあった国としての具体的なメッセージを示すという役割についても十分に果たしたものになった。

2　全国学力・学習状況調査の問題の特徴

全国学力・学習状況調査の問題の特徴としてあげられるのは、基本理念である「知識」に関するA問題と「活用」に関するB問題の二種類で構成されている他にも、B問題では各設問に一〇〇字程度の記述式問題を取り入れていることなど、いくつか特徴がある。そこで、二〇一三年（平成二十五年）に実施された中学校の国語科の調査問題をもとに、具体的な設問を取り上げて検討してみたい。

（1）複数テキストの組み合わせ

複数のテキストを組み合わせた設問として、次のものがあった。

○A問題　八題中三題

1（話し合い）「プログラムの案」と「話し合いの一部」

2（書くこと）「選考会で出された意見」と「下書きの原稿」

7（書くこと）「グラフ」と「レポートの一部」
※5（読むこと）「文章」に加えて、設問の中に断面図がある。
○B問題　三題中一題
3「新聞記事」と「資料」
※1「文章」とその本文中に図がある。

A問題の八題のうち、8は語句や漢字についての問題であるので、実質七題のうち半分近くのものが複数テキストの組み合わせとなっている。5は、テキストは説明的な文章だけであるが、設問の中に米の断面図があり、テキストと図との関連を問うものとなっている。二〇一二年も漢字や語句を除く七題中、複数テキストの組み合わせが二題、テキストと図との関連を問うものが二題ある。B問題についても毎年一題ないし二題のものが、複数テキストの組み合わせになっている。複数テキストの組み合わせというのが、全国学力・学習状況調査では基本的な問題の作り方の一つとして定着している。

この複数テキストの組み合わせについては、一九九四年（平成六年）とその翌年に行われた教育課程実施状況調査の新学力調査問題として、二つの説明的な文章を比較して読むものが既に作問されている。出題のねらいについて当時の教科調査官の相澤秀氏は「単に内容の正確な理解にとどまらず、情報を読み比べることを通して、内容を検討・吟味し、その活用を図る情報活用能力をみる意図がある」（注8）と述べている。

この時点で、文章の正確な理解から、さらに読み比べを通しての情報の内容検討と吟味といった情報活用能力について評価しようということが目的として作問されたものがあったのである。しかし、残念なことに教育課程実施状況調査は、抽出であったことや問題がすぐに公開されないこともあり、複数テキストの組み合わせ問題の作成の考え方や、ここで問われている学力というものについて教育現場で問題となることはなかった。そのため、複数テキストの組み合わせが、問題作成において一般的になるのには随分と時間がかかったのである。

（2）非連続型テキストをはじめとする様々なテキストの利用

非連続型テキストを取り入れた設問として、次のものがある。

○A問題　八題中四題
1（話し合い）「プログラムの案」
4（読むこと）「催し物案内」
5（読むこと）「米の断面図」

7 （書くこと）「グラフ」
○B問題　三題中一題
1 ※「犬も歩けば棒にあたるの絵札」
3 「資料」

A問題では、八題中四題、B問題では三題中二題に非連続型テキストが使われている。B問題の「犬も歩けば棒にあたるの絵札」については、絵についての読み取りが少し入っていることもあり、PISAの「読解力」調査で言うところの非連続型テキストというよりも、様々なテキストとしてとらえたい。その意味ではA問題の2「選考会で出された意見」のような記録や、6「集めた材料を整理したカード」なども、そうした様々なテキストとみることもできるだろう。国語の試験のイメージとしては、文学的な文章と説明的な文章をテキストがあり、それについて部分的な理解をしたり、全体の要旨をとらえたりというのが中心となっていたが、こうした様々なテキストを取り入れていくことで問題の幅が広がった。この問題の幅が広がるということは、これまでになかった読み方が必要となるということでもあり、思考力・判断力・表現力等の育成に関する指導を促すものになっている。

この中で特に着目したいのは、4の「催し物案内」の問題である。表の情報を単純に取り出すのでなく、表の構成の仕方について考えるものと、ある条件のもとで必要な情報を探すものという二つの設問で構成されていた。今後情報を整理するという場面、実生活の中で情報を探す場面ということが想定されており、他教科への関連も考えられたものとなっている。

(3) 場面の設定

場面設定をした設問には、次のものがある。

○A問題　八題中三題

1 第一中学校の生徒会では、新入生歓迎会のプログラムについて話し合っています。次は、その【プログラムの案】と【話し合いの一部】です。司会は、山田さんです。それらを読んで、あとの問いに答えなさい。

2 図書委員会では、読書を推進するためのキャラクターを募集し、選考を行いました。次は、【選考会で出された意見】と、それをもとに図書委員の中山さんが書いた図書だよりの【記事の下書き】です。これらを読んで、あとの問いに答えなさい。

6 第一中学校の生徒会役員の大野さんは、ボランティア活動をテーマにスピーチをします。次は、そのスピーチのために取材し、【集めた材料を整理したカード】です。

これらを読んで、あとの問いに答えなさい。

○B問題

3 次は、中学三年生の小川さんが興味をもった【新聞記事】と、それに関連して探した情報を小川さんがまとめた【資料】です。これらを読んで、あとの問いに答えなさい。

A問題でも場面設定をした問題が三題ある。こうした場面設定をするということは、生徒にとって実際の学校生活や日常生活の中ということを想定した中での評価(注9)を意識したものになっていると考えられる。これまでの国語の試験では、テキストの読み取り中心のいわばテキストに閉じたものであったが、中学校においてもこうした場面設定をするということにより、自分が置かれている場面での文脈の中で、読む力を活用していくというものに、問題の性質が変化していることがわかる。

こうした場面設定は、個々の設問を考えるための条件でもあり、ヒントにもなっている。また使用されるテキストの説明にもなっている。こうした問題に対応していくことで、状況や対象に対して全体像を理解したり、全体を俯瞰して見たりするといったものの見方や考え方を身に付けていくことにも通じている。

（4）選択肢の作り方や問い方

中学校の国語に関する調査問題で、よく問題が検討されていると感じるところの一つに、その問い方がある。これは当たり前ではあるが、設問が何を求めているかということが、生徒に適確に伝わるようなものになっている。これはとても大事なことで、何を問うているのかがすっきり伝わることで、生徒もストレスなく問題に取り組むことができる。

また選択肢もよく検討されているものが多い。「読むこと」に関する問題では、テキストの理解というよりも、選択肢の意図や内容を理解させることが目的になっているようなものがある。しかしこの調査では選択肢の違いは、四つの情報の中からそこに当てはまる一つの情報を選択するようなものになっている。テキストの情報について適確に理解できていれば、適切な選択肢を選ぶことができるようになっているのである。

他にも、伝統的な言語文化を意識したテキストの活用や、新聞の活用など、テキストの選択にもいろいろな配慮がみられる。一つ一つの設問について丁寧にみていくと、制約のある中で様々な工夫がなされていることに気が付くだろう。

3　全国学力・学習状況調査の今後の可能性

全国学力・学習状況調査もこれまでに六回行われてきた。今後も基本理念とする「知識」に関するA問題と「活用」に関するB問題の二種類の構成は、学校教育法の学力規定が改正しない限り大きく変えていくことは考えられないかもしれない。しかし、変化の激しい社会ということを考えると、基本的な学力観はそのままであっても、国語科のみならず教科の枠組みの再編成ということがあれば、全国学力・学習状況調査もそれに伴い再設計されることはあるだろう。また、そのような大きな枠組みの変化とまでいかなくとも、次の学習指導要領の改訂に伴い、設問も少しずつ変わってくるかもしれない。そこで、いくつかの視点から今後の可能性について考えてみたい。

(1) 作問上の制約を越えて

全国的な調査ということを前提としたとき、作問に関しての様々な制約があることは想像に難くない。例えば、特定の地域に関する事柄、教科書の使用状況、対象とする生徒の学習状況を踏まえた問題の難易度など様々なものがある。これは公立高校の入学試験でも共通していることだが、この調査のように全国的な規模であることや、その結果についての話題性等を考えると、他にも制約や作り方の方針があることが考えられる。そうした制約があるにもかかわらず、全体としてよく工夫されており、「活用」ということを具体的に表現したものとなっている。今の方向でも十分に工夫されているが、敢えてそうした制約を理解しつつも、今後の問題作りへの期待について述べてみたい。

①「話すこと・聞くこと」に関する問題について

「話すこと・聞くこと」に関する問題であってもテキストとなるのは書かれたものになる。音声を使っての問題になっていない。その点が一番改善したい点である。しかし、校内の定期試験等で国語の聞き取りや英語のヒヤリングの経験を思い浮かべればわかるように、受験者に対して適切に聞き取りができる教室環境を準備することの難しさや、一斉に放送で流すのか、センター試験のように一人一人にプレーヤーを配布して行うのかといった具体的な方法を考えると、かなり難しい。しかし、全国学力・学習状況調査は、学習指導要領に基づく学力の育成を図るための授業改善のモデルの提示でもある。そう考えると、音声を流すことに関してのトラブルが生じても他の領域の問題を解くことに影響が出ないように「話すこと・聞くこと」の試験の時間の枠を別にすることなども配慮することで対応していきたい。また、音声テキストと書かれたテキストを組み合わせることで問題作成の幅も広がっていく。そうした組み合わせの問題を作ることで、新たな「話すこと・聞くこと」のモデル開発の可能性が出てくる。

②「書くこと」に関する問題について

二〇一三年のA問題は、選択肢と短答式のものだけで、記述式のものはない。短答式のものでも二〇一三年のものは二十~二十五文字のものが一題と、十三字以内のものが一題と合計二題あった。解答の類型の結果を見ても、生徒の考え方のプロセスもある程度わかるものになっていた。

B問題は、各設問ごとにまとめの問題で、一〇〇字程度のものを書くようになっている。ふだんの授業の中で書くことに慣れていない生徒にとっては、かなり長く感じるかもしれない。しかし、それぞれの設問の無答率をみると、1が二・七パーセント、2が一一・〇パーセント、3が五・二パーセントと、一〇パーセントを越えるものが一つだけであり、生徒が取り組もうという意欲をもたせる量であったと考えられる。生徒の取り組む意欲やかかる時間、採点等のことを考慮すると、書く量としてよく検討がなされている。

今後、学習指導要領に基づく言語能力を身に付けるための授業改善はさらに進んでいくことが考えられる。次の学習指導要領では、書く力の規準もさらに高いものを想定することができるだろう。そうなったとき、A問題でもB問題でも、現在の文字数にこだわらず、もっと書く量に変化をもたせるようにしたい。書く力というものは量を多く書くことだけで評価できるものではないが、ある程度の量を書くためには文や文章を論理的に構成したり記述したりする力がより求められることになる。そのことを踏まえたとき、現在の段階でもA問題B問題でもう少し書く量を増やす方向を検討してもいいのではないだろうか。量を増やすことで、正答率が下がったり、無答率が増えたりしたとするならば、そこに生徒の書く力に関しての課題がある。そうした課題を発見していくことも、この調査にとって大事な役割である。

③「読むこと」に関する問題について

この調査では、書かれたテキストをもとにしているため、「話すこと・聞くこと」「書くこと」の領域の問題であっても、問題になっているテキストを適確に読みとらなくてはならない。また、選択肢から正答を選ぶためには、ここでも読む力が必要になる。そう考えると、A問題でもB問題でも、その全てを解くためには、かなりのテキスト量を読むことになる。しかし、読む力については、読む力を規準において、まとまったテキストを読むことで評価していく必要がある。

二〇〇七年の第一回目の調査のB問題では、「調べたことを発表する（ロボット）」の問題や、「複数の資料を比較して読む（本のポップ）」の問題の斬新さに驚きを受けたが、「文学作品を評価しながら読む（「蜘蛛の糸」）」のテキストの長さに対して拍手した人もいたと思う。

実社会で必要とされるものとして、ある程度まとまった長さの様々なテキストを、決められた時間で課題意識をもって読む力が求められることが多い。そうしたことを意識して、量のあるテキストを取り上げたという意図を感じたからだ。

しかし、全体としての生徒が考える時間の関係かもしれないが、その後は二〇一二年の星新一の「装置の時代」まで量のあるテキストが使われれていないのは残念なことである。B問題では領域にとらわれず総合的な言語能力をみるものではあるが、「書くこと」でも述べたが、ある程度の量のテキストを読む力、そこから考えたことをある程度の量をもって書く力ということをみていけるような「活用」の問題を取り入れていくことで、実社会で生きて働く読む力についてみていきたい。

(2) クリティカル・リーディングについて

B問題の記述式問題では、「①説明や解釈をする ②評価や批評をする ③感想や意見を述べる」といった視点から作成されている。特に「②評価や批評をする」といったクリティカル・リーディングに関する問題を作成しているところに、PISA型「読解力」の育成を図ることの方針がうかがえる。なお、クリティカル・リーディングについては幅が広い(注10)ので、ここでは、『読解力向上に関する指導資料』に書かれていることをもとにしている。

クリティカル・リーディングに関して、今回の中学校国語科の学習指導要領では「評価する」という文言で、第三学年「書くこと」「読むこと」の指導事項に取り入れられている。また、「読むこと」の「自分の考えの形成」の指導事項自体が、PISA調査の「読解力」の読む行為のプロセスの「熟考・評価」に該当するものである。しかし、問題をよく検討してみると「自分の形成」に関する指導事項について該当するものはあるが、PISAの「読解力」調査のような内容や表現について、その内容や表現を吟味・検討したり、自分の経験と結びつけて批判したりするところまで踏み込んだ設問が少ないように感じる。二〇一三年のB問題の記述式では「②評価や批評をする」といったクリティカル・リーディングに関する設問がなかった。

これは計画的に調査する指導事項が決められているため、クリティカル・リーディングに関する設問だけを多く作成することができないことは十分に理解できる。しかし、膨大な情報の中で社会生活を送っていく生徒に必要な能力を身に付けていく上で、クリティカル・リーディングは欠かせないものになっている。そのことを考えて、「②評価や批評をする」問題については、もっと量を増やすと同時に、新たなものを提案することで、中学校の現場の教師に良いモデルを提供していって欲しい。

(3) 全国学力・学習状況調査の新たな枠組み

全国学力・学習状況調査を通して、PISA型「読解力」の育成を図るということが根底にある。そう考えるとPISAの「読解力」調査のように、様々な非連続型テキストを使ったり、もっとクリティカル・リーディングに関する「熟考・評価」の問題を増やしたりといったことができればいいのだが、全国学力・学習状況調査の目的は、「義務教育の機会均等とその水準の維持向上の観点から、全国的な児童・生徒の学力や学習状況を把握・分析し、教育施策の成果と課題を検証し、その改善を図る」というところにある。つまり、この調査の一番の中心に位置するのは学習指導要領ということになる。だから、設問ごとに指導事項のどこに該当しているかということが解説資料には明示されているように、指導事項をもとに問題が作成されるのである。そのため国語科の枠から大胆に外れての問題作りということはできない。

二〇〇四年のPISAショックのとき、PISAの調査の「読解力」と、これまで国語科で育成してきた読解力との違いということが明確になり、ＰＩＳＡ型「読解力」の育成のための対策が立てられ、それが二十年版の学習指導要領に反映していった。そのため前回の学習指導要領に比べるとＰＩＳＡ型「読解力」の育成の視点は入っているが、国語科の学習指導要領は何と言っても言語能力の育成にあるため、ＰＩＳＡ型「読解力」だけに特化した学力調査の問題作成は不可能である。

しかし、次の学習指導要領では、ＰＩＳＡ型「読解力」を踏まえつつ、さらに新たな学力観やコンセプトに基づいたものになるならば、全国学力・学習状況調査もそれに従って新たな視点からの枠組みで構成されるだけでなく、個々の問題も変わってくるはずである。そうした次のステージを見据えて、現在の枠組みの中でも、さまざまな斬新な問題作成を試みていくことは可能ではないだろうか。

（注1）二〇〇六年四月二十五日に全国的な学力調査の実施方法等に関する専門家検討会議「全国的な学力調査の具体的な実施方法等について」の報告

（注2）岩間正則編著『文科省全国学力・学習状況調査　中学校国語B問題を授業する――「活用」の力とはなにか』（二〇〇八年　明治図書）14～18頁

（注3）全国学力・学習状況調査は二〇〇七年の四月に実施され、改正された学校教育法が公布されたのは同年六月である。時期的に全国学力・学習状況調査のほうが早いため、「学校教育法第三〇条第二項で位置づけられている学力の育成を図ることが想定されている」という言い方は正確ではない。しかし、学校教育法第三〇条第二項の内容と全国学力・学習状況調査の考え方は同じものであり、この時期国として位置づけた学力を育成するということは当然同じように議論されていたと考えることができる。

（注4）ＰＩＳＡ型「読解力」育成のための七つの視点に関する配慮については、二〇一三年（平成二十五年）の解説資料からは記述がなくなった。

（注5）松下佳代「ＰＩＳＡで教育の何が変わったか～日本の場合～」（二〇一〇年十二月　教育テスト研究センターＣＲＥＴシンポジウムの報告書　7頁）に悉皆の意味について指摘がある。

（注6）二〇〇五年十月二十六日の中央教育審議会答申「新しい時代の義務教育を創造する」には「いわば国の責任によるインプット（目標設定とその実現のための基盤整備）を土台にして、プロセス（実施過程）は市区町村や学校が担い、アウトカム（教育の結果）を国の責任で検証し、質を保証する教育システムへの転換である。」と述べられている。

（注7）「全国的な学力調査の実施（平成26年度概算請求）」には「調査の目的」として明記されている。
http://www.nier.go.jp/kaihatsu/25setsumeikai/material-03.pdf

（注8）相澤秀夫編『文部省学力調査に学ぶ　中学校国語科の新評価問題づくり』（一九九六年　明治図書）21頁

（注９）「真正の評価（authentic assessment）」論……現実世界において人が知識や能力を試される状況を模写したりシミュレーションしたりしつつ評価することを主張するもの。

（注10）有本秀文『新学習指導要領に沿った　ＰＩＳＡ型「読解力」が必ず育つ10の法則』（二〇〇八年　明治図書）70頁　クリティカル・リーディングについての意味については幅が広い。ここでは、文部科学省『読解力向上に関する指導資料～ＰＩＳＡ調査（読解力）の結果分析と改善の方向』（平成十七年）にあるように「与えられたテキストについて、主張の信頼性や客観性、科学的な知識や情報との対応、引用や数値の正確性、論理的な思考の確かさ、目的や表現様式に応じた表現法の妥当性など、様々な幅広い観点から評価しながら読む能力を育成することも大切である。従来は、本文を絶対視して指導することが多く、テキストの内容や表現を吟味・検討したり、その妥当性や客観性、信頼性などを評価したり、自分の知識や経験と結び付けて建設的に批判したりすることは少なかった。今後は、このような批判的な読み（クリティカル・リーディング）も重視する必要がある」というとらえをしている。

Ⅳ　全国学力・学習状況調査をめぐる問題について

全国学力・学習状況調査が定着してきたが、当初文部科学省が決めていた市町村等での結果公表を行わないということに対して、二〇一四年（平成二十六年）のものから慎重な扱いをすることで可能になるなど、児童・生徒の学力評価、学習状況の調査といった目的だけでなく、調査結果の使用が、学校評価のデータの一つに使われるなどの可能性が出てきたように思われる。また、全国学力・学習状況調査を取り入れたことにより、授業改善がなされて、一人一人の児童・生徒の学力が身に付いたのかということも考えなくてはならない時期となっている。この章では、そうした全国学力・学習状況調査が教育現場にもたらしたものについてみていくことにする。

1　結果の公表について

全国学力・学習状況調査をめぐる問題としてあげられるものに、結果の公表ということがある。全国学力・学習状況調査の実施方法等を定めた「全国的な学力調査の具体的な実施方法等について（報告）」では、結果公表に関して次のように述べられている。

都道府県が国から返却された調査結果を独自に公表することについては、国としては都道府県に対して一定の考え方を示して都道府県等の判断にゆだねるべきとの意見もあったが、都道府県が域内の市区町村等の状況を個々の市区町村名等を出して公表することになると序列化や過度な競争につながるおそれは払拭できないと考えられる。また、全国的な学力調査の実施主体が国であることや市区町村が基本的な参加主体であることなどにかんがみると、都道府県に対して、原則として、国における公表レベルや内容と同様の対応を求めることが適当である。（傍線筆者）

個々の市区町村名を出しての公表については、この調査が実施される以前の段階において国としては各県までの段階までしか公表しない方針を打ち出していた。

しかし、二〇〇八年の調査の大阪府の結果を受けた当時の大阪府知事は、大阪の市町村教育委員会に対して、調査結果の開示を強く求めた。それに対して文部科学省の方針を重視する市町村教育委員会が開示要求を拒否したことに対して、知事は、結果の公表・非公表によって市町村への教育予算配分に差を付けることを示唆したこと等が問題として取り上げられた。それ以外にも結果の公表について、住民からの開示請求が求められるなどの問題も出てきていた。

文部科学省は、二〇〇八年の全国学力・学習状況調査の分析・活用の推進に関する専門家検討会議で、「文部科学省は、今回の学力調査を実施する以前から、市町村・学校の公表については慎重の上にも慎重を期するということである。文部科学省の方針どおり全国の教育委員会としては公表しないということで、合意されていると認識している」とした資料（注1）において、結果公表についての確認を行っている。

こうした流れの中、二〇一三年の結果を見た静岡県知事が、全国最下位だった小学校国語A問題で県内の下位一〇〇校の校長名を公表しようとし、最終的には平均以上だった上位八六校の校長名を公表し、全国的なニュースとなったことは記憶に新しい。一方、大阪市教委は各学校に結果の公表を義務付ける規則改正を行うなどの動きがあり、文部科学省は両府県の本来の方針を逸脱していることを指摘したが、その後市区町村等の結果公開の方針が変更されることになった。

二〇一四年（平成二十六年）度全国学力・学習状況調査に関する実施要領では、都道府県教育委員会ならびに市町村教育委員会が、当該の公立学校について、付帯的な事項（注2）はあるもののそれぞれの判断に基づき結果を公表することが可能になった。

全国学力・学習状況調査は、理科が入るときもあるが国語と数学（算数）という二教科に絞った調査であり、これだけで学力の全てが測れないことも誰もがわかっているはずである。しかし、数値として結果が公表されると、結果が一人歩きを始めて、同じ県内にある市区町村の過度の競争を煽ったり、地域や保護者の不安をかきたてたりといった問題が生じてくることは当然予想されることである。そう考えると、何でも情報公開の時代に入っているが、市町村等の結果公表は教育現場に対しての問題や効果を考えたとき本当に必要なのかを検討して欲しいし、たとえ行うにしても慎重にしなくてはならないだろう。

　ところで、この結果公表の問題について別の視点から考えてみると、実は都道府県ごとの結果が公開されていた第一回目から、都道府県の間の競争は始まっていたのではないだろうか。新聞等のマスコミの中には、結果公表に際して都道府県ごとに単純に結果を示すのでなく、教科・問題ごとに都道府県を順位付けして示したり、上位三県と下位三県という形で示したりと、ランキングがわかりやすくなる工夫をしてくれていた。上位のところでは順位が保たれたことにほっとし、下位のところでは何とかしなければならないと感じていたのではないだろうか。

　この順位であるが、あまり意味をもたない。なぜなら地域の事情が違うからである。それに、中学校でいうなら国語と数学のAとBの全ての問題数九十三題の合計の順位をみてみると、例えば六十一点代には十一都道府県が入っていて、六位から十六位のでの順位になっている。順位として十位違っていてもその差は一点にすぎない。それに六十二点代や六十点代の都道府県との差もほとんどない状態にある。それにもかかわらず、順位ばかりに目が向いてしまうのである。大事なことは、この結果をどう生かしていくかということである。

　実は、市町村ごとや学校ごとの結果公表がなくても、既に結果に対しての対策が講じられている。例えば高知県では、二〇〇七年~二〇〇九年においては、小学校ではほとんど全科で全国平均以下、中学校では全国平均を大きく下回っていた。それが二〇一三年においては、小学校では三教科で全国平均を上回り国語A問題では全国的に見ても高くなり、中学校では全国平均との差が大きく改善された。こうした改善のために高知県では、授業や家庭学習で活用できる教材（単元テスト・学習シート）の作成・配布、放課後対策を充実し、補充学習を実施、高知県版学力調査の実施（小四・五、中一・二）による授業改善等の効果の検証などの対策がとられていた（注3）。これは高知県に限ったことでなく、結果に対して都道府県が対策をとることは、この調査が義務教育におけるＰＤＣＡサイクルの一環として組み込まれていることを思うと、当然のことなのかもしれない。

義務教育の構造改革の基本方向として、国が明確な戦略に基づき目標を設定してそのための確実な財源など基盤整備を行った上で、教育の実施面ではできる限り市区町村や学校の権限と責任を拡大する分権改革を進めるとともに、教育の結果について国が責任を持って検証する構造への転換を目指すべきである。

いわば国の責任によるインプット（目標設定とその実現のための基盤整備）を土台にして、プロセス（実施過程）は市区町村や学校が担い、アウトカム（教育の結果）を国の責任で検証し、質を保証する教育システムへの転換である。

こうした義務教育の構造改革により、国の責任でナショナル・スタンダードを確保し、その上に、市区町村と学校の主体性と創意工夫により、ローカル・オプティマム（それぞれの地域において最適な状態）を実現する必要がある。

（傍線筆者）

このように「全国的な学力調査の具体的な実施方法等について（報告）」で述べられているように、都道府県としては調査結果を受け止めて、それに対する教育改善をしていかなくてはならない。こうした都道府県や市町村等での教育改善が良い方向に向くのはいいことであるが、もしそれが競争意識からのものであるなるば、児童・生徒は個人としてでなく、単に教育が施されるための対象としか考えられなくなってしまう。また、市町村や学校に対しての予算措置等の配分のための指標にするならば、学校や教師に対しての圧力になる可能性も出てくる。市区町村や各学校ごとの結果公表については、それに伴う問題点についても理解しておく必要がある。

2　授業改善は進んだのか

全国学力・学習状況調査は、学習指導要領に基づき問題が作問されている。二〇〇八年に二十年版学習指導要領が告示された。学習指導要領で示されている指導事項等の評価のために、二〇〇八年に「児童生徒の学習評価の在り方について（報告）」が出され、それを受けて二〇〇九年「小学校、中学校、高等学校及び特別支援学校における児童生徒の学習評価及び指導要録の改善について（通知）」が出された。これにより、学習状況・学力のための目標となるべき評価規準とその評価の仕方が整った。さらに、国立教育政策研究所から「評価規準の作成、評価方法等の工夫改善のための参考資料」が作成された。この評価に関する参考資料は、二〇〇二年のときには、各教科等が一つにまとめられていたが、今回は校種教科等ごとに一冊になっているため、使用する側の教師としては活用しやすくなった。

今回の学習指導要領では各教科等を貫くものとして、言語活動の充実が重視されている。言語活動を充実させることにより、思考力・判断力・表現力等の育成を図ろうとしているからである。そのために文部科学省は、二〇一一年に「言語活動の充実に関する指導事例集—思考力、判断力、表現力等の育成に向けて」（小学校版、中学校版）を作成し、さらに翌年には高等学校版を作成した。

このように作成された具体的な参考資料が、各地域で開かれる教育課程の改善に関する研修会等と同時に広がっていったため、全国学力・学習状況調査の結果を受けた授業改善のために大いに役立った。

また、国立教育政策研究所では、二〇〇九年より調査結果を受けて、「全国学力・学習状況調査 授業アイディア例」を作成し、各委員会や学校に配布をしている。この「授業アイディア集」は、調査問題での課題についてのまとめと、課題に対しての具体的な授業改善のアイディアをカラーのイラストやチャートを使ってわかりやすくまとめてある。特に、調査問題をテキストにしたもの等は、そのまま教室でも授業できるように工夫がされている。ただ、こうした資料の存在をきちんと把握していない教師も多く、十分に活用されていない状況があるのが残念である。

このように国としては、他にも学力や評価に関する研究校を設けるなど授業改善のための様々な方策を実施しているが、実際に授業改善の具体的な指導を行うのは、各都道府県ならびに市区町村ということになる。そうした授業改善のための一例として先ほど高知県の取り組みについてふれたが、各地でもそうしたことが行われている。

そうした中学校での授業等の状況について調査したデータがある。二〇一三年(平成二十五年)の全国学力・学習状況調査の「質問紙調査」の中の「学校に対する質問紙調査」の国語科について関連したものについてみていく。

〈指導方法・学習規律〉

○生徒の様々な考えを引き出したり、思考を深めたりするような発問や指導をした学校割合に、調査開始年度以降、若干の増加傾向がうかがえる。

○本やインターネットなどを使った資料の調べ方が身に付くよう指導した学校の割合に調査開始年度以降、減少傾向がうかがえる。

○資料を使って発表ができるよう指導した学校の割合は、二十四年度と比べやや低くなっている。

○以下の取組を行った学校の割合は、二十四年度と比べ大きな変化は見られない。

・生徒の発言や活動の時間を確保した授業

・生徒に将来就きたい仕事や夢について考えさせる指導

・学習規律の維持の徹底
・学習方法に関する指導
・学級全員で取り組んだり挑戦したりする課題やテーマを与えた
・生徒が自分で調べたことや考えたことを分かりやすく文章に書かせる指導
・学校や地域で挨拶をするよう指導
○二十五年度に新たに調査した内容については以下のとおり。
・授業の冒頭で目標を生徒に示す活動を計画的に取り入れた学校　約92％
・授業の最後に学習したことを振り返る活動を計画的に取り入れた学校　約88％
・学級やグループで話し合う活動を授業などで行った学校　約88％
・総合的な学習の時間において、課題の設定からまとめ・表現に至る探究の過程を意識した指導をした学校　約81％

〈国語科の指導方法〉

○国語の指導として、書く習慣を付ける授業を行った学校の割合に、調査開始年度以降、若干の増加傾向がうかがえる。
○国語の指導として、目的や相手に応じて話したり聞いたりする授業を行った学校の割合は、二十四年度と比べやや高くなっている。

○国語の指導として、以下の取組を行った学校の割合は、二十四年度と比べ大きな変化は見られない。
・補充的な学習の指導
・発展的な学習の指導
・様々な文章を読む習慣を付ける授業
・漢字・語句など基礎的・基本的な事項を定着させる授業

二〇一三年の調査では、資料の調査の仕方、それを使った発表の仕方についての指導した学校の割合が減ってきてはいるものの、多くの指導については、前年度とは大きな変化が見られないという結果となっている。この数値としては「大きな変化が見られない」とはいうものの、「よく行った」「どちらかといえば、行った」の数値を合計すると、八五パーセント以上のものがほとんどである。

良くなったものの一つに「生徒の様々な考えを引き出したり、思考を深めたりするような発問や指導をした学校割合に、調査開始年度以降、若干の増加傾向がうかがえる」については九二パーセントの学校が「行った」(「よく行った」「どちらかといえば、行った」の合計)のほうに回答している。

また二〇一三年から追加された調査内容についても言語活動の充実に関わる「学級やグループで話し合う活動を授業などで行った学校」が八八パーセントにもなっている。もう一つ言語活動の充実に関するもので「国語の指導として、書く習慣を付ける授業を行った学校の割合に、調査開始年度以降、若干の増加傾向がうかがえる」という調査結果についての報告がある。数値として「行った」学校は九二・二パーセントとなっている。特に「書くこと」については、「B問題」で一〇〇字程度の書く問題が三題出題されることもあり、書く力を身に付けさせるための授業改善に取り組んでいることがわかる。ただ、授業改善の取り組みが、すぐに学力の育成に結びつくわけではないが、高知県の例もあるように少しずつ結果に反映していっていることは調査結果から読み取れる。

こうした授業改善に結びつく都道府県の取り組みの中で、大きな役割を果たしていると考えられるものとして、高等学校の入試問題に「活用」の問題が取り入れられるようになったことだ。ここに二〇一四年二月に行われた神奈川県の入試問題があるが、三つのグラフと話し合いをテキストにして、最後には七十字~八十字で書くことの設問をしている。このように入試問題を工夫する都道府県が増えてきている。この入試問題の改革は、学校はもちろんのこと入試に係わる学校以外の教育機関にも影響する。以前のような知識・理解を中心とした学習だけでなく、思考力・判断力・表現力等の育成を考えた授業へと転換しなくてはならなくなるからだ。

このように書くと、入学試験のための授業改善のようになってしまうが、動機はどうであれ、これまでとは違った授業が実施されていくことはまずは大変喜ばしい。そして思考力・判断力・表現力等を育成するようないわゆる「活用」の問題で求められている学力は、ふだんの授業の積み重ねがないとなかなか身に付かない。そのため、これまでとは違った言語活動を充実させるような授業が展開されるようになってきている。

実際に小学校や中学校の現場の授業を見て大きく変わったと筆者が感じるところは、単元として身に付けたい言語能力を明確にして、そのための言語活動を充実させ、それを評価していくという指導と評価の一体化を図るものが一般的になりつつあるという点である。そうした授業が、さらに充実するように現場として全国学力・学習状況調査を活用していきたいものである。

3　児童・生徒一人一人の学力保証をどのようにしていくか

児童・生徒一人一人の学力保証については、授業改善だけで行えるものではない。全国学力・学習状況調査でも学力と学習に対してのクロス集計（注４）でもわかるように、学力と学習に対しての取り組みは密接な関係をもっている。そのため学習環境を整えたり、生活指導に時間をかけたりしないと、なかなか学力を身に付けていくことは難しい。それでも学力保証は授業改善を通して行っていくことが基本となるだろう。ここでは学力保証に関する取り組みとして、全国学力・学習状況調査の活用と個に応じた指導という面から考えていくことにする。

（1）全国学力・学習状況調査の結果の活用

全国学力・学習状況調査は悉皆調査になっている。それは義務教育として一人一人の学力の保証ということが目的としてあるからである。そのためのシステムとして、都道府県や各学校の結果だけでなく、児童・生徒一人一人にその結果を戻すようになっている。その際に、教師として、次のことをやっておくことが学力を身に付けていくことにつながっていく。

第一に、教師自身が問題を解いてみることである。全国学力・学習状況調査から生徒の課題を見つけるためには、A問題やB問題が、児童・生徒に対してどのような学力を身に付けようとしているのかを知らなければならない。実際に問題を解いてみると、問題の難易度や作問の工夫に気づいたり、疑問に思うことがあったりするなど、見ているときとは違った感覚を問題に対してもつことができる。それがあってこそ児童・生徒の課題について、実感をもって指導することができるようになる。

第二に、調査問題を使って振り返りの機会を設定することである。調査が終わってしまうと、児童・生徒としては、もう一度問題をやりたいとは思わない。しかし、調査問題に取り組んだ記憶が新しいうちに、これまでの彼らの学習状況を踏まえて、A問題のいくつかとB問題についてもう一度やらせながら授業を行うことで、児童・生徒一人一人の振り返りの機会を設定するようにするのである。このとき振り返りのためのワークシートを工夫して作成しておくと次につなげていくことが可能となる。調査の結果が出るのが八月の末くらいになる。それまでの間、調査を受けて問題を解いたことを授業に生かしたり、学力を身に付けさせることに使ったりしないのはもったいないことである。

ところで、全国学力・学習状況調査の課題の一つとして、調査結果を生徒に還元する時期が、その年度の半ば過ぎにもなってしまうことがあげられるだろう。調査結果を出すのに時間がかかるのは、例えば国語ならば、調査問題が選択形式だけでなく、記述形式のものを取り入れているからである。そうした問題の特徴もあり、処理に時間がかかるという事情が生じる。そのため、小学校六年生と中学校三年生というそれぞれの学校の最終学年に当たっているため、還元した結果を児童・生徒一人一人の今後に生かしていくことができないということになってしまう。

しかし、だからといって結果を活用しないのはもったいないことだ。そこで第三に、結果を返すときにも再度振り返りの機会を設定するようにしたい。このとき、直後の振り返りを行ったときのシートと戻ってきた結果とを比較してみることで、調査結果を少しでも生かしていくようにできるのではないだろうか。同時に、教師が児童・生徒一人一人の問題点を分析することも行い、何らかの形でアドバイスしていくことも大事な指導になってくる。

全国学力・学習状況調査は、このような形を工夫していくことで児童・生徒一人一人に還元していける。また、その調査結果自体が一部のものとはいっても学力を評価するものであることからすると、児童・生徒一人一人に対しての学力保証としての役割をもっているのである。

（2）個に応じた指導

個に応じた指導について行うためには、少人数クラスのほうがやりやすいのは事実である。児童・生徒一人一人に目がいきとどき、時間をかけることが可能であるからだ。しかし、全国の学校の置かれている様々な事情からすると、少人数での指導ができない学校もある。そうした中でも児童・生徒一人一人に言語能力を身に付けていくための個に応じた指導として、ノート指導を変えるところからやっていくことが現実的ではないだろうか。（注5）

そのためには、ノートを授業の記録から、思考のためのツールに変えていくことからはじめたい。ノートに自分の考えの根拠を書いたり、頭の中にあるものをウェビングやマンダラを使って視覚化したものにしていくようにするのである。ノートを変えるということは授業改善の大事なポイントであるし、B問題で求められている書く力を身に付けていくことにもつながっていく。このようにノートを変えながら、同時に一人一人のノートを評価する機会を増やしていく。そのためには、今度はノートからシート（ノートのように罫線だけ印刷したものや、ワークシートも考えられる）に変えていくとよい。ノートの場合一つに綴じられているため、学習の軌跡がすぐに辿れるという利点もあるが、ノートを集めて評価する際には物理的に大変である。そこで、一枚一枚のシートにすれば、評価のときの作業がやりやすくなるし、気になるものをコピーして印刷したりすることも簡単である。評価が遅れたときは、新しいシートを配布すればノートなしの授業ということの心配もない。

こうしたシートにすることで、一人一人の児童・生徒の評価をする機会をふやすことができ、個に応じた指導をすることができるようになる。こうした指導によって学力を身に付けることができるようになる。それが学力の保証につながっていく。また、こうしたシートを使って年度末にポートフォリオを作りながら児童・生徒それぞれが自分の学習の軌跡を振り返り、この一年間で身に付けてきた言語能力についてメタ認知していくことも考えたい。（注6）

ところで、指導と評価の一体化ということからすると、個に応じた指導に対して個に応じた評価の工夫があってもいい。それには目標に準拠した評価と個人内評価を組み合わせていくことがポイントになる。さらに、児童・生徒自身が自分への評価をきちんととらえ、次に生かすことができるような態度だけでなく、適切な自己評価のできる能力も育てていくことを考えなくてはならないだろう。

（注1）全国学力・学習状況調査の分析・活用の推進に関する専門家検討会議（第7回）「全国学力・学習状況調査における実施方法、公表のあり方について（全国市町村教育委員会連合会）」

（注2）調査結果の公表に当たっては、以下の1から6までにより行うこと。

1　公表する内容や方法等については、教育上の効果や影響等を考慮して適切なものとなるよう判断すること。

2　調査結果の公表を行う教育委員会又は学校においては、単に平均正答数や平均正答率などの数値のみの公表は行わず、調査結果について分析を行い、その分析結果を併せて公表すること。さらに、調査結果の分析を踏まえた今後の改善方策も速やかに示すこと。

3　（ア）1又は（イ）2に基づき教育委員会が個々の学校名を明らかにした調査結果の公表を行う場合、又は（ア）2において市町村教育委員会が学校名を明らかにした調査結果の公表に同意する場合は、当該学校と公表する内容や方法等について事前に十分相談するとともに、公表を行う教育委員会は、当該調査結果を踏まえて自らが実施する改善方策を調査結果の公表の際に併せて示すこと。また、教育委員会において自らが設置管理する学校に自校の結果を公表するよう指示する場合は、教育委員会は自らが実施する改善方策を速やかに示すとともに、公表する内容等について学校に指示する場合は、教育委員会は当該学校とそれらについて事前に十分相談すること。

なお、平均正答数や平均正答率などの数値について一覧での公表やそれらの数値により順位を付した公表などは行わないこと。

4　調査の目的や、調査結果は学力の特定の一部分であること、学校における教育活動の一側面であることなどを明示すること。

5　児童生徒個人の結果が特定されるおそれがある場合は公表しないなど、児童生徒の個人情報の保護を図ること。

6　学校や地域の実情に応じて、個別の学校や地域の結果を公表しないなど、必要な配慮を行うこと。

（注3）国立教育政策研究所「平成25年度　全国学力・学習状況調査　報告書・調査結果資料」http://www.nier.go.jp/13chousakekkahoukoku/data/research-report/13-summary.pdf

（注4）全国学力・学習状況調査では、クロス集計に関しての報告があり、学力の育成にあたって学習環境等についても整備していく必要が読み取れる。

（注5）岩間正則「全国学力・学習状況調査の結果を授業改善に生かす」『教室の窓 vol.41』（二〇一四年一月 東京書籍）18・19頁

（注6）岩間正則「国語 ポートフォリオで一年間の成長を振り返る」『これでできる‼ ポートフォリオ実践戦略――教科・総合・進路のすべてに』監修：鈴木敏江／著：横浜国立大学教育人間科学部附属横浜中学校FYプロジェクト53期（二〇〇三年十二月 東洋館出版社）24～31頁

Ⅴ　今後の日本の教育について考える

ＰＩＳＡの「読解力」調査と全国学力・学習状況調査を中心にしながら、教育基本法ならびに学校教育法等の改正前後から今日までの流れについてみてきた。平成二十年版学習指導要領が改訂されて完全実施を迎え、それに沿った教科書が使われるようになり三年が立ち、新しい教育の流れも軌道にのってきた。そして二〇一二年のＰＩＳＡ調査で、日本は「読解力」「数学的リテラシー」「科学的リテラシー」で順位が上がった。「読解力」については、あれほど世界の教育関係者を引きつけていたフィンランドよりも順位が上がった。これまでのように、どこの国のシステムをモデルとしていくかという状態から、新たな日本型モデルをどのように構築しながら学力について考えていくかということが問われるようになってきている。そうしたことを踏まえて、今後の日本の児童・生徒の学力の育成ということについてこの章では考えていきたい。

1　中学校の国語科として育成したい言語能力

これまでみてきたようにＰＩＳＡの「読解力」調査や全国学力・学習状況調査等を踏まえ、授業改善は確実に行われてきている。特に言語活動の充実を意識した授業を通して思考力・判断力・

表現力等の育成を学校として図っていこうというところが増えてきている。そうした動きの中で、中学校の国語科としては特に次のような言語能力の育成を図ることを考えたい。

(1) 多くの情報から必要な情報を読み取る力

中学校の国語科の授業では、二〇〇二年より導入された目標に準拠した評価ということが理解されるようになり、単元の作り方が変化してきた。それは、様々な言語能力の育成を総合的に図るために大きな単元作りから、身に付けたい言語能力を明確にするために、一つの単元を一領域で構成するというやり方にである。それによって単元を通して、指導と評価の一体化を図るような授業が意識されるようになってきた。その点は、かなり評価できることだろう。

しかし、「読むこと」に関する単元では、教科書の一つの教材の読みに時間をかけることが、まだ多くの教室で行われている。これは、教科書の主たる「読むこと」の教材には、漢字や語句の学習が組み込まれていたり、読む力が十分に身に付いていない生徒のことに配慮したりすることもあり、どうしても一つの教材の指導に時間がかかってしまう状況があるからだ。この状況については理解できるところもある。しかし、知識基盤社会で生きていく生徒のことを考えると、様々なテキストを比較したり、大量の情報の中から必要な情報を探したりするなど、情報活用の能力を身に付けていく必要がある。

そこで、情報処理の基本的な能力ともいえる様々なテキストを読む力を身に付けることを想定した授業を行っていかなければならない。具体的には、授業の中に本一冊を対象にした授業（注1）をするなど、教科書の教材以外のテキストを持ち込み、授業の中でも多くのテキストを読む学習をしていくようにする。単元によっては、詳細な読解をするところがあってもいいが、別な単元では複数テキストを読み比べたり、教科書教材の原文となるテキストを読んだりといった授業を展開していくことを工夫していくようにしなければならない。

また、情報の処理ということについては、二〇〇九年のＰＩＳＡの「読解力」調査から、デジタル「読解力」についての調査が始まった。二〇一二年の調査では、シンガポール、韓国、香港に次いで第四位と上位にいる。しかし、国語科や数学科などの通常の授業の中で、パソコンを使って授業を進めている教室はまだ少ないのが現状である。こうした中で、現在国としても様々な事業（注2）を行ったり、情報化への新たなビジョン（注3）を出したりするなど、情報化への対応を行っている。そして二〇二〇年に、日本全国の学校でＩＣＴを活用したいつでも・どこでも・だれでも学習できるように児童・生徒が一人一台の情報端末をもてるような環境が実現できるようにするといった提言（注4）もあった。それを先取りする形で既に佐賀県では、二〇一三年度には電子黒板を整備し、二〇一四年度には新入生に一人一台のタブレット端末を導入する計画がある。こうした機器の扱いはもちろんのこと、それを活用するためには、大量の情報を処理できるようなテキストを読む力というものは、ますます必要とされるようになっていく。

(2) コミュニケーション能力

ＰＩＳＡの「読解力」調査や全国学力・学習状況調査で、日本の児童・生徒の課題として、自分の考えについて書く力ということが無答率の問題とともに指摘されていた。こうした課題について取り組む学校も多くなってきていることが、Ⅳ章でも述べたように全国学力・学習状況調査の学校に対しての質問紙調査で確認されている。書く力については、新たな視点からの授業提案もあり（注５）授業改善が進んできているため、少しずつ生徒にも言語能力として身に付いていくことが期待できる。

しかし、なかなか身に付かない言語能力として、コミュニケーション能力があげられるだろう。このコミュニケーション能力の育成については、伝え合う力として平成十年版の学習指導要領から指導されてきていたり、言語活動の充実という面からも教室に取り入れられたりしていることもあり、教師としてはかなり意識して授業を行っている。そのため、小グループの話し合いから、全体での発表という授業の流れは定着してきた。生徒もそうした活動に慣れてきている。スピーチなどもうまくなってきている。しかし、学級全体の話合いの場面で、根拠をあげて自分の考えを話し合うということについては、概ね満足できる学習状況とは言えない。ＰＩＳＡの「読解力」調査での日本の生徒たちの問題点として、このコミュニケーションに欠けていることについて指摘（注６）もあるように、国際化社会の中でも通用するようなコミュニケーション能力を育成しなければならない。

では、どのようにすればこうしたコミュニケーション能力を育てることができるのか。第一には教師自身が、そうしたコミュニケーション能力を持つことから始めなければならない。研修会や会議等で自分の考えを発信したり、それをもとに議論したりすることができるように鍛えて行くようにする。そうした過程を教師自身が踏むことで、生徒に対しての無理のない現実的な方策が出てくる。

第二に、生徒に身に付けさせたいコミュニケーション能力について具体的に考えることである。例えば、「第三学年になったとき、パネルディスカッションができる力を身に付けさせる」のようにである。そうした具体的なイメージを持つことができれば、それに向けての授業改善の方向がみえてくるはずである。

第三に、「話すこと・聞くこと」の単元だけでなく、「読むこと」や「書くこと」の授業においても、コミュニケーション能力育成のための指導をしていくことである。学級全体の話合いの場面で、一人一人が自分の考えを発信するには時間が十分でない。こうしたコミュニケーション能力を身に付けるためには、やはり生徒自身がどれだけ経験を積むかということが大きなポイントとなる。そのために、コミュニケーションの活動をできるだけ行うために、多くの時間を設定するようにしたい。

現在教室で行われている小グループの話合い活動では、多くの生徒が話し合いに参加することができるし、課題に対して広げたり深めたりといったことが効果的に行うことができる。こうした小グループでの話合いだけで良しとせず、もっと広がりのある場面、公的な場面でのコミュニケーション能力を高める工夫をしていかなくてはならない。

(3) 学習意欲

国語科においては活用できる言語能力を身に付けさせるためには、学校の授業を要としながら、他教科の授業をはじめとする学校生活や日常生活の中での言葉への興味や関心、実際の経験ということをどのように関連させながら指導していくかがポイントになる。その基礎となる豊かな語彙力を養うには、漢字の学習、言葉の意味調べやドリル、テキストの音読、読書といった家庭における学習が大きな比重をもっている。

ただ現実としては、全国学力・学習状況調査の質問用紙調査でもあるように、家庭で学習しない生徒の数は相変わらず多い状況にある。こうしたことを踏まえると、家庭での宿題課題や毎日の課題に取り組む習慣をつけるところからやっていかなくてはならないだろう。しかし、学習習慣や学習意欲を身に付けさせるのは、国語科だけでの取り組みでは難しい。全国学力・学習状況調査の質問紙調査の結果をもとにした学校としての取り組みが求められる。

ところで、学習意欲をもたせる取り組みについては、それこそ学習が存在したときからの問題であり、今さらという観がある。生徒が置かれている社会の状況、家庭の環境、友人関係等の様々な要素が関連しているため、学校として取り組んでもそんな簡単に成果があがるものだとは誰も思っていない。それでも学習意欲は、変化の激しい社会をよりよく生きるためには、欠かすことのできない能力としかいいようがない。これまでの学習意欲という教師がイメージしているものから、さらに別のコンピテンシーとしてこの能力については規定されるのかもしれないが、今後も生徒にとって大事な能力であることには変わらない。

2 次の学習指導要領に向けて

二〇一二年（平成二十四年）度に中学校の学習指導要領が全面実施されたばかりであるが、次の二〇一八年（平成三十年）版学習指導要領について基礎的な研究が既に始まっている。今の学習指導要領は、二〇〇四年のＰＩＳＡショックや学校教育法の改正等があり、生きる力を基本理念としながら、どんな学力を育成していくべきかという目標が明確にしやすかった。しかし、次のものについては、生きる力や思考力・判断力・表現力等の育成ということは大きく変わらないかもしれないが、平成十年版、平成二十年版の基本理念であった生きる力ということを、そのままの形で継続してしていくことはできないかもしれない。今後の日本や国際社会の動向等を視野に入れたとき、新たな基本理念が提示されることも予想される。そこで注目したいのが国立教育政策研究所が、二〇〇九年度から五カ年計画で始めた「教育課程の編成に関する基礎的研究」である。

このプロジェクトは、ＰＩＳＡ調査や全国学力・学習状況調査など様々な国内外の調査の結果だけでなく、今後の社会の変化の動向に着目して、次の学習指導要領の教育課程作成のための基礎的な資料を提供しようとするものである。そうした目的でまとめられた二〇一三年三月に出された報告書（注7）の中から、特に二つのことを押さえておきたい。

一つは、世界の教育改革の流れとして、人間の全体的な能力をコンピテンシー（competency）として定義し、それをもとに目標を設定して教育政策を推進する動きである。この一つが、既におなじみのPISA調査の基本概念であるOECD（経済協力開発機構）のDeSeCo（Definition and Selection of Competencies）プロジェクト（1997～2003）による「キー・コンピテンシー」である。もう一つは同じ頃に北米を中心に研究が進められた「21世紀型スキル」である。こうした動きを受けて、イギリスでは「キースキル」、オーストラリアでは「汎用的能力」、韓国では「核心力量」といったように、各国でも二十一世紀に求められる資質・能力を定義して、国としての教育課程編成に向けて取り組んでいるという状況がある。

I章でも述べたが、日本では平成二十年度版の学習指導要領の作成にあたり、生きる力を定義して取り組んだことを、キーコンピテンシーの先取りととらえているが、今回もそうした生きる力を新しい視点で見直すための前提として、各国の教育課程編成の在り方についての研究が進められている。

もう一つが、そうした日本型のコンピテンシーとして試案している「21世紀型能力」である。先の報告書では、社会の変化に対応できる児童・生徒を育成するための共通認識として、次の三点を示している。そして「思考力」「基礎力」「実践力」の関係を表したのが、図として示されている。

○社会の変化に対応できる汎用的な資質・能力を教育目標として明確に定義する必要がある
○人との関わりの中で課題を解決できる力など、社会の中で生きる力に直結する形で、教育目標を構造化する必要がある
○資質・能力の育成は、教科内容の深い学びで支える必要がある

この三点の共通認識を今後の教育課程について考えるための原理とし、二十一世紀を生き抜く力を「21世紀型能力」と名付け、「21世紀を生き抜く力をもった市民としての日本人に求められる能力」であるとしている。21世紀型能力は単なる学力ではなく、一人の自律した日本人として、グローバリズムや情報化が加速度的に進行する変化の激しい社会を生き抜くための総合的な人間力として想定されている。

21世紀型能力の概略について説明する。この能力の中核に、「一人ひとりが自ら学び判断し自分の考えを持って、他者と話し合い、考えを比較吟味して統合し、よりよい解や新しい知識を創り出し、さらに次の問いを見つける力」としての「思考力」を位置づけている。「思考力」についてもう少し説明すると、問題の解決や発見、アイデアの生成に関わる問題解決・発見力・創造

力、その過程で発揮され続ける論理的・批判的思考力、自分の問題の解き方や学び方を振り返るメタ認知、そこから次に学ぶべきことを探す適応的学習力等から構成されているとしている。

この「思考力」を支えているのが「基礎力」で、「言語、数、情報（ＩＣＴ）を目的に応じて道具として使いこなすスキル」としている。

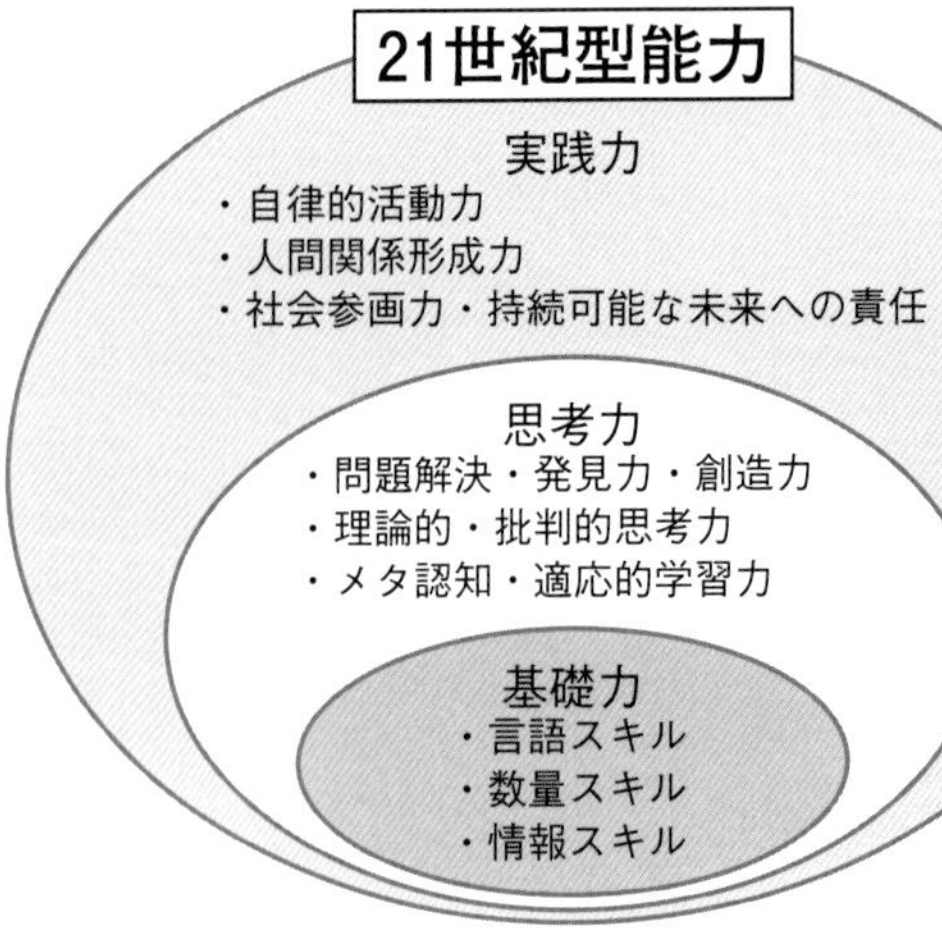

そして、「思考力」が向かっていく先が「実践力」で、「日常生活や社会、環境の中に問題を見つけ出し、自分の知識を総動員して、自分やコミュニティ、社会にとって価値のある解を導くことができる力、さらに解を社会に発信し協調的に吟味することを通して他者や社会の重要性を感得できる力」としている。これらの「思考力」「基礎力」「実践力」の関係を表したのが、次の図となっている。

ところで、二十一世紀を生き抜く力としての21世紀型能力と、生きる力との関係はどうなっているのかが気になるところである。それについて先の報告書では、次のように説明がされている。

21世紀型能力では、生きる力を調和的に育むという理念自体に今一度立ち返って、「学力」、「人間性」、「健康・体力」という区別を超えて、これらが目指すものを総合的に捉え直し、その上で求められる汎用的能力を具体化することを目指した。

そのため、まず、学力の三要素（①基礎的・基本的な知識・技能、②それを活用する思考力・判断力・表現力等、③学習意欲）から、教科・領域横断的に求められる基本的な能力を「基礎力」として、それに基づいて様々な課題を解決するための中核となる能力を「思考力」と位置付け、さらにその使い方を方向づけ、実生活で活用していくための能力を「実践力」として置くこととした。

「学力の三要素」では、情意面が「学習意欲」として、学力（認知領域）に直接関わる情意領域しか関連づけられていない。21世紀型能力は、「思考力」と「実践力」を関連づけることによって、学んだことを価値づけしたり、実生活（社会生活）における意味ある行為へつなげたりすることを意識している。これによって、思考力と実践力、認知面と情意面を統合的に捉えた教育目標を提起することができる。21世紀型能力は、知と心身の発達を総合した学力をこれからの社会の中でどう働かせていくかを示している。学力の三要素の例えを借りて言えば、車のエンジンや両輪に加え、車の進む道、すなわち生きる力をどう発揮するかという方向性を示唆するモデルであるといえよう。

（傍線筆者）

最初の傍線部を見ると、21世紀型能力は、生きる力の三つの側面である「確かな学力」「豊かな心」「健康や体力」を総合的に捉え直し、その上で求められる汎用的能力を具体化したものであることがわかる。つまり生きる力を再構築したものが21世紀型能力ということになる。日本の伝統的な教育を考える柱である知徳体というものから、新たな汎用的能力であるコンピテンシーを想定したものといえる。

さらに、学力の三要素と21世紀型能力との関係が、次の傍線のところでは整理されている。この部分が、各教科の新しい学習指導要を考えるときに、特に問題になってくるところだろう。現在の学力の三要素というのは、学校教育法の第三〇条第二項に位置づけられたものとなっている。この学力の考え方を受けて評価の四観点も整理された。学校教育法の改正は、そんなに簡単に行えるものでなく、国として規定した学力の考え方をこの時点で変えていくことはかなり難しい。それでも、今後の日本の子どもたちの学力保証ということからすると、こうした問題についても解決していかなくてはならなくなるかもしれない。

最後の傍線部では学習意欲のことについて述べてある。先に学習意欲のことについてふれたが、新しいものでは、学習意欲が学力との関係にとどまらず、認知面と情意面も含めて総合的に捉えたものとして考えられている。今後の必要とされる汎用的能力からすると、そうした学習意欲についての新たな考え方をしていかなくてはならないだろう。

21世紀型能力の研究はまだ続いているので、どのように再提案されるかわからないし、これがそのまま新しい学習指導要領の基本理念になるかということも確定したものでない。しかし、日本型のコンピテンシーを想定して教育課程を編成していくことは、これからの日本の子どもたちの育成には必要になってくることは予想がつく。これまで培ってきた日本の教育の良いところを取り入れた、新たな日本型のコンピテンシーについて、再構築していきたい。

また、新しい学習指導要領への取り組みとして、文部科学省においても平成二十四年十二月より「育成すべき資質・能力を踏まえた教育目標・内容と評価の在り方に関する検討会」を設置した。これは、次の改訂に向けて、生きる力、21世紀能力をはじめとして、これまでの様々な教育の流れとこれからを見据えた教育の方向を総体的に整理すると同時に今後育成すべき資質・能力と教育目標・内容の措置を構築しようとするものである。平成二十六年一月二十七日には、これまでの議論を踏まえた「論点整理（素案）」が会議の資料として配布された。こちらの会議の動向が今後の日本の教育の在り方に大きく影響してくることは言うまでもない。

教育には会社の変化ということを常に意識していかなくてはならない。そうした変化に対応していくことのできる能力の育成について教師一人一人が考えて発信していくことを行なっていくことで、少しでも今後の日本の教育について議論に参加していきたい。

（注1）府川源一郎・髙木まさき／長編の会編『文化を生み出す国語教室　「本の世界」を広げよう』（一九九八年　東洋館）

（注2）総務省は二〇一〇年八月より主として情報技術面でＩＴＣ技術の実証研究を行う「フューチャースクール推進事業」を開始。それに対して、ソフト面から実証研究を行っているものが文部科学省の「学びのイノベーション事業」であり、デジタル教科書もここで検証されている。

（注3）文部科学省「教育の情報化ビジョン～21世紀にふさわしい学びと学校の創造を目指して～」二〇一一年四月

（注4）財団法人コンピュータ教育開発センター「21世紀にふさわしい学校教育の実現に向けて～児童生徒一人一台情報端末の時代を迎えるにあたって～（提言書）」二〇一〇年十二月

（注5）中学生の「記述力」を育てる6つの要素――すぐに使える珠玉の授業プラン19』（２０１０年8月　明治図書）

（注6）有本秀文『新学習指導要領に沿った　ＰＩＳＡ型「読解力」が必ず育つ10の法則』（二〇〇八年　明治図書）35頁

（注7）国立教育政策研究所「教育課程の編成に関する基礎的研究　報告書5　社会の変化に対する資質や能力を育成する教育課程編成の基礎原理」二〇一三年三月　24～30頁

参考文献

○本関係

・国立教育政策研究所編『生きるための知識と技能　OECD生徒の学習到達度調査（PISA）2000年調査国際結果報告書』（2002年　ぎょうせい）
・国立教育政策研究所編『生きるための知識と技能2　OECD生徒の学習到達度調査（PISA）2003年調査国際結果報告書』（2004年　ぎょうせい）
・国立教育政策研究所監訳『PISA 2003年調査　評価の枠組み』（2004年　ぎょうせい）
・国立教育政策研究所編『生きるための知識と技能3　OECD生徒の学習到達度調査（PISA）2006年調査国際結果報告書』（2007年　ぎょうせい）
・国立教育政策研究所監訳『PISAの問題できるかな？　OECD 生徒の学習到達度調査』（2010年　明石書店）
・国立教育政策研究所編『生きるための知識と技能4　OECD生徒の学習到達度調査（PISA）2009年調査国際結果報告書』（2010年　明石書店）
・FYプロジェクト横浜国立大学教育人間学部附属横浜中学校編『「読解力」とは何か――PISA調査における「読解力」を核としたカリキュラムマネジメント』（2006年　三省堂）
・横浜国立大学教育人間学部附属横浜中学校編『「読解力」とは何か　PartⅡ――カリキュラム・マネジメントで年間指導計画・学習プロセス重視の指導案』（2007年　三省堂）

・横浜国立大学教育人間学部附属横浜中学校編『習得・活用・探究の授業をつくる――PISA型「読解力」を核としたカリキュラム・マネジメントで年間指導計画・学習プロセス重視の指導案』（2008年　三省堂）
・北川達夫＆フィンランドメソッド普及会『図解　フィンランド・メソッド入門』（2005年　経済界）
・教育科学研究会編『なぜフィンランドの子どもたちは「学力」が高いか』（2005年　国土社）
・田中孝一監修『中学校・高等学校　PISA型「読解力」考え方と実践』（2007年　明治書院）
・有本秀文『「国際的な読解力」を育てるための「相互交流コミュニケーション」の授業改革――どうしたらPISAに対応できるか』（2006年　渓水社）
・有本秀文『新学習指導要領に沿った　PISA型「読解力」が必ず育つ10の法則』（2008年　明治図書）
・鶴田清司『「読解力」を高める国語科授業の改革――PISA型読解力を中心に』（2008年　明治図書）
・竹長吉正『記述式問題と思考法　PISA、全国学力・学習状況調査への対策』（2009年　明治図書）
・河野庸介編著『中学校　新学習指導要領の展開　国語科編』（2008年　明治図書）
・大熊徹編著『中学校国語「活用型」学習の授業モデル』（2009年　明治図書）
・岡部恒治・戸瀬信之・西村和雄『分数のできない大学生―21世紀の日本が危ない』（1999

年　東洋経済新聞社）
・相澤秀夫編『文部省学力調査に学ぶ　中学校国語科の新評価問題づくり』（1996年　明治図書）
・鈴木敏江監修　横浜国立大学教育人間科学部附属横浜中学校FYプロジェクト53期著『これでできる!!　ポートフォリオ実践戦略――教科・総合・進路のすべてに』（2003年　東洋館出版社）
・日本教育方法学会編『教育方法38　言語の力を育てる教育方法』（2009年　図書文化）
・舟生日出男『教師のための情報リテラシー――知識基盤社会を生き抜く力を育てるために』（2012年　ナカニシヤ出版）
・安居總子『中学校・国語科　今、「国語」を問う――教師のプロフェッショナリズム』（2013年　東洋館出版社）
・岩間正則編著『文科省全国学力・学習状況調査　中学校国語B問題対応の教材開発――知識・技能を活用する「記述式」の課題づくり』（2009年　明治図書）
・岩間正則編著『文科省全国学力・学習状況調査　中学校国語B問題を授業する――「活用」の力とはなにか』（2008年　明治図書）
・『中学生の「記述力」を育てる6つの要素――すぐに使える珠玉の授業プラン19』（2010年　明治図書）
○雑誌関係
・文部科学省教育課程科編集『中等教育資料』（2008年5月号、2009年3月号、

２０１０年7月号）

・日本教育評価委員会『指導と評価』（２００８年2月号、２００９年4月号、２０１１年2月号）

・『日本語学』（２００６年6月号　明治書院）

・『現代教育科学』（２００６年9月号　明治図書）

○文部科学省関係資料

・国立教育政策研究所「調査問題・正答例・解説資料について」「報告書・集計結果について」「全国学力・学習状況調査の結果を踏まえた授業アイディア例」（※各年度のものを参考にした。なお「授業アイディア例」は、平成21年度のものより）

・中央教育審議会「21世紀を展望した我が国の教育の在り方について（第一次答申）」（平成８年7月）

・文部科学省『ＰＩＳＡ調査（読解力）の公開問題例』（平成17年1月）

・中央教育審議会「新しい時代の義務教育を創造する（答申）」（平成17年5月）

・文部科学省「読解力向上プログラム」『読解力向上に関する指導資料～ＰＩＳＡ調査（読解力）の結果分析と改善の方向』（平成17年12月）

・全国的な学力調査の実施方法等に関する専門家検討会議「全国的な学力調査の具体的な実施方法等について」（平成18年4月）

・中央教育審議会「幼稚園、小学校、中学校、高等学校及び特別支援学校の学習指導要領等の改善について（答申）」（平成20年1月）

・文部科学省「中学校学習指導要領解説　総則編」「中学校学習指導要領解説　国語編」（平成20

年9月）
・文部科学省「児童生徒の学習評価の在り方について（報告）」（平成22年4月）
・文部科学省「小学校、中学校、高等学校及び特別支援学校における児童生徒の学習評価及び指導要録の改善等について（通知）」（平成22年5月）
・国立教育政策研究所「評価規準の作成、評価方法等の工夫改善のための参考資料　中学校国語」（平成23年11月）
・文部科学省「教育の情報化ビジョン～21世紀にふさわしい学びと学校の創造を目指して～」（平成23年4月）
・文部科学省「中学校版　言語活動の充実に関する指導事例集～思考力・判断力・表現力等の育成に向けて～」（平成23年5月）「高等学校版」（平成24年6月）
・国立教育政策研究所「教育課程の編成に関する基礎的研究　報告書5　社会の変化に対する資質や能力を育成する教育課程編成の基礎原理」（平成25年3月）
・文部科学省「平成26年度全国学力・学習状況調査に関する実施要領」（平成25年11月）
・「育成すべき資質・能力を踏まえた教育目標・内容と評価の在り方に関する検討会 ―論点整理（素案）」（平成26年1月）文部科学省

【著 者 紹 介】

岩間　正則（いわま　まさのり）

鶴見大学准教授
横浜国立大学教育人間科学部附属横浜中学校副校長を経て、2008年４月より鶴見大学に勤務。
平成20年告示の中学校学習指導要領国語科作成協力者。

〈著書〉
- 『中学生の「記述力」を育てる６つの要素――すぐに使える珠玉の授業プラン19』（2010年８月　明治図書）

〈編著書〉
- 『文科省全国学力・学習状況調査　中学校Ｂ問題を授業する――「活用」の力とは何か』（2008年１月　明治図書）
- 『文科省全国学力・学習状況調査　中学校国語Ｂ問題対応の教材開発――知識・技能を活用する「記述式」の課題づくり』（2009年４月 明治図書）

〈比較文化研究ブックレット№12〉
PISAの「読解力」調査と全国学力・学習状況調査
―中学校の国語科の言語能力の育成を中心に―

2014年３月25日　初版発行

著　　　者　岩　間　正　則
企画・編集　鶴見大学比較文化研究所
〒230-0063　横浜市鶴見区鶴見2-1-5
鶴見大学６号館
電話　045（580）8196
発　　　行　神奈川新聞社
〒231-8445　横浜市中区太田町2-23
電話　045（227）0850
印　刷　所　神奈川新聞社クロスメディア営業局

定価は表紙に表示してあります。

「比較文化研究ブックレット」の刊行にあたって

比較文化は二千年以上の歴史があるが、学問として成立してからはまだ百年足らずである。近年、世界のグローバル化に伴いその重要性は増してきている。特に異文化理解と異文化交流、異文化コミュニケーションといった問題は、国内外を問わず、切実かつ緊急の課題として現前している。同時多発テロの深層にも異文化の衝突があることは誰もが認めるところであろう。

さらに比較文化研究は、あらゆる意味で「境界を超えた」ところに、その研究テーマがある。国家や民族ばかりではなく時代もジャンルも超えて、人間の営みとしての文化を研究するものである。インターネットで世界が狭まりつつある二十一世紀が、同時多発テロと報復戦争によって始まったことは歴史のパラドックスであろう。文化もテロリズムも戦争も、その境界を失いつつある現在、比較文化研究はその境界を超えた視点を持った新しい学問なのである。

鶴見大学に比較文化研究所準備委員会が設置されて十余年、研究所が設立されて三年を越えて機も熟し、本シリーズの発刊の運びとなった。比較文化論は近年ブームともいえるほど出版されているが、その多くは思いつき程度の表面的な文化比較であり、学術的検証に耐えうるものは少ない。本シリーズは学術的検証に耐えつつ、啓蒙的教養書として平易に理解しやすい形で、知の文化的発信を行おうという試みである。大学およびその付属研究所の使命は、単に閉鎖された空間における学術研究のみにその使命があるのではない。ましてや比較文化研究が閉鎖されたものであって良いわけがない。広く社会にその研究成果を公表し、寄与することこそ最大の使命であろう。勿論、研究所のメンバーはそれぞれ機関誌や学術誌に各自の研究成果を発表しているが、本シリーズでより豊かな成果を社会に問うことを期待している。

鶴見大学比較文化研究所　所長　相良英明

二〇〇二年三月

比較文化研究ブックレット近刊予定

■国のことばを残せるのか
―ウェールズ語の復興

松山明子

一時は消滅するのではないかとも危ぶまれたウェールズ語は今、復興へと向かっている。18.5%にまで低下した話者の割合が20.8%へ上昇し、回復の兆しを見せたのである。かつて住民の大半が話していた言語が少数派になり、その言語を残すためにに人々がどのようなことに取り組んできたのかを振り返り、ウェールズ語と英語の二言語社会実現を目指すウェールズの事例を通じて私たちにとって言語とは何か考えてみたい。

■南アジア先史文化人の心と社会を探る
―女性土偶から男性土偶へ:縄文土偶を参考に

宗臺秀明

人々は先史時代から心の拠り所を何かに求めてきた。それを単純に心の弱さと捉えるのではなく、人間も自然の一部として存在することを受け止め、認識する必要があろう。南アジア先史時代の土偶の観察から、人は急激な社会の変化に心が追いつかずに変化に対応する橋渡しを土偶に求めていた。そうした緩衝地帯を求める心を打ち消すことなく、素直に表し、標榜することが現代の我々にも必要なのではないだろうか。

比較文化研究ブックレット・既刊

No.1　詩と絵画の出会うとき

〜アメリカ現代詩と絵画〜　森　邦夫

ストランド、シミック、ハーシュ、３人の詩人と芸術との関係に焦点をあて、アメリカ現代詩を解説。

Ａ５判　57頁　602円(税別)
978-4-87645-312-2

No.2　植物詩の世界

〜日本のこころ ドイツのこころ〜　冨岡悦子

文学における植物の捉え方を日本、ドイツの詩歌から検証。民族､信仰との密接なかかわりを明らかにし、その精神性を読み解く！

Ａ５判　78頁　602円(税別)
978-4-87645-346-7

No.3　近代フランス・イタリアにおける悪の認識と愛

加川順治

ダンテの『神曲』やメリメの『カルメン』を題材に、抵抗しつつも〝悪〟に惹《ひ》かれざるを得ない人間の深層心理を描き、人間存在の意義を鋭く問う！

Ａ５判　84頁　602円(税別)
978-4-87645-359-7

No.4　夏目漱石の純愛不倫文学

相良英明

夏目漱石が不倫小説？　恋愛における三角関係をモラルの問題として真っ向から取り扱った文豪のメッセージを、海外の作品と比較しながら分かりやすく解説。

Ａ５判　80頁　602円(税別)
978-4-87645-378-8

比較文化研究ブックレット・既刊

No.5　日本語と他言語

【ことば】のしくみを探る　三宅知宏

日本語という言語の特徴を、英語や韓国語など、他の言語と対照しながら、可能な限り、具体的で、身近な例を使って解説。

Ａ５判　88頁　602円(税別)
978-4-87645-400-6

No.6　国を持たない作家の文学

ユダヤ人作家アイザックB･シンガー　大﨑ふみ子

「故国」とは何か？　かつての東ヨーロッパで生きたユダヤの人々を生涯描き続けたシンガー。その作品に現代社会が見失った精神的な価値観を探る。

Ａ５判　80頁　602円(税別)
978-4-87645-419-8

No.7　イッセー尾形のつくり方ワークショップ

土地の力「田舎」テーマ篇　吉村順子

演劇の素人が自身の作ったせりふでシーンを構成し、本番公演をめざしてくりひろげられるワークショップの記録。

Ａ５判　92頁　602円(税別)
978-4-87645-441-9

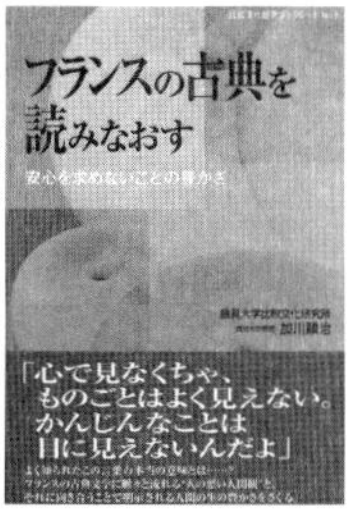

No.8　フランスの古典を読みなおす

安心を求めないことの豊かさ　加川順治

ボードレールや『ル・プティ・フランス』を題材にフランスの古典文学に脈々と流れる“人の悪い人間観”から生の豊かさをさぐる。

Ａ５判　136頁　602円(税別)
978-4-87645-456-3

比較文化研究ブックレット・既刊

No.9　人文情報学への招待

大矢一志

　コンピュータを使った人文学へのアプローチという新しい研究分野を、わかりやすく解説した恰好の入門書。

Ａ５判　112頁　602円（税別）
978-4-87645-471-6

No.10　作家としての宮崎駿

～宮崎駿における異文化融合と多文化主義～　相良英明

「ナウシカ」から「ポニョ」に至る宮崎駿の軌跡を辿りながら、宮崎作品の異文化融合と多文化主義を読み解く。

Ａ５判　84頁　602円（税別）
978-4-87645-486-0

No.11　森田雄三演劇ワークショップの18年

―Mコミュニティにおけるキャリア形成の記録―　吉村順子

　全くの素人を対象に演劇に仕上げてしまう、森田雄三の「イッセー尾形の作り方」ワークショップ18年の軌跡。

Ａ５判　96頁　602円（税別）
978-4-87645-502-7